科学文化工程
公民科学素养系列

科学大院

KEXUE DAYUAN

徐雁龙　罗兴波　主编

浙江教育出版社·杭州

图书在版编目（CIP）数据

科学大院 / 徐雁龙，罗兴波主编. —杭州：浙江教育出版社，2019.9

ISBN 978-7-5536-6312-8

Ⅰ．①大… Ⅱ．①徐… ②罗… Ⅲ．①科普－大众－当代 Ⅳ．①G634.303

中国版本图书馆CIP数据核字(2018)第207950号

科学大院
KEXUE DAYUAN

徐雁龙　罗兴波　主编

责任编辑：何黎峰　唐弥娆	**美术编辑**：韩　波
封面设计：林智广告	**责任印务**：吴梦菁
责任校对：池　清	

出版发行：浙江教育出版社
（杭州市天目山路40号　邮编：310013）
图文制作：杭州林智广告有限公司
印刷装订：浙江新华数码印务有限公司

开　　本：710 mm×1000mm　1/16	
印　　张：11	**字　　数**：220 000
版　　次：2019年9月第1版	**印　　次**：2019年9月第1次印刷
标准书号：ISBN 978-7-5536-6312-8	
定　　价：38.50元	

版权所有·翻印必究
网　　址：www.zjeph.com

主编：徐雁龙　罗兴波

编委：马　强　王海波　王闰强

　　　王英伟　李晓东　肖　云

　　　张文韬　殷向荣

前言

出版本书，旨在让读者开阔眼界、增长知识，提升对科学文化的认识。科学文化不仅包括科学知识和方法，还包括科学精神和科学思想，后者也可理解为对科学认识的一种积淀。本书通过发现、创造和探索的过程告诉我们，世界上没有一成不变的东西，科学探索永无止境。

说到最近的重大科学发现，人们会联想到引力波。从1916年爱因斯坦预言引力波的存在至2014年的近百年中，引力波一直无法被直接探测到。2016年2月11日，激光干涉引力波天文台（LIGO）宣布，该台于2015年9月14日直接探测到一个来自13亿光年之外的黑洞与黑洞合并产生的引力波。2017年10月3日，LIGO项目的三位科学家韦斯、索恩与巴里什共同获得了2017年的诺贝尔物理学奖。2017年10月16日，LIGO宣布探测到1.3亿光年之外的一对中子星并合发出的引力波。同一时刻，世界上其他十几个机构（如美国宇航局、欧洲南天天文台、中国科学院紫金山天文台和清华大学等）也宣布探测到了伴随这次引力波的 γ 射线暴、光学暂现源（千新星）以及抛射物与星际介质碰撞后激发出的X射线辐射和射电辐射。可以说，这是举世瞩目的重大科学发现。

但这不是终结，这种发现每时每刻都在进行。美国人丹尼尔·J·布尔斯廷在《发现者》一书中开宗明义地指出，"我们现在所观察到的世界，即时间、陆地与海洋、天体与人体、植物与动物、历史与古往今来的人类社会等景象，只能是由无数的'哥伦布'为我们揭示的"。正是这些源源不断的发现，不断地扩充我们的知识版图，刷新我们的认识，改变我们的生活，塑造我们的未来。同时这些发现也告诉我们，这是一个没有结尾的故事，不仅整个世界仍是新大陆，还有更多的宇宙黑洞等待着人类去发现、去认知，这是一项永远在路上的事业。从这个意义上说，科学文化就是推动人类对世界万物认识的土壤，这块土壤越肥沃，科学发现、创造和探索的成就就会越大，这也是我们要提高全民科学文化素养的宗旨所在。

本书给人们的另一个感受就是内容的权威性，因为丛书的作者都是专业的科技人员。在很长一段时间里，科普总让人误解，仿佛只要做到知识的通俗化就可以了。这种理解是不科学、不全面的，导致一些科普图书为了噱头东拼西凑，割裂知识的完整性，也为某些打着科普旗号的非科学、伪科学的流行提供了借口。近年来，科普或者说科学传播越来越受到人们的重视，科普的方式虽然重要，但内容永远是根本。为了保证知识的权威性，舆论呼吁科学家应成为科普的主力军，科学家需要探索未知、创造新知识，同时还应该向社会传递自己对科学探索的热情以及获得新发现时的兴奋，构筑科学与社会之间的桥梁。

本书作者主要是中国科学院各个研究所的专业科技人员，他们对本专业知识的解读更科学、更准确、更权威。但如何让读者喜欢，需要专业作者借鉴人文的力量，本书在这方面做了有益的尝试，希望能让读者领略到科学文化之美。

编　者

2019年8月

目录 Contents

PART 1 探索自然

1. 美丽的荧光海的"幕后黑手"居然是赤潮 / 3
2. 旅游带回的"盐湖盐"能吃吗 / 9
3. 我国恶劣天气的发生频率在下降 / 14
4. 用一根足够长的尺子,可以测量大海有多深吗 / 17
5. 时间能倒流吗 / 24
6. 飞机窗户破裂很危险 / 27

PART 2 人体千百态

7. 熬夜伤身、宵夜长膘,生物钟原来如此强大 / 35
8. 脑科学教你如何更会吃 / 38
9. 人为什么要打哈欠 / 43

⑩ 为了研究长寿的秘密,科学家也是拼了 / 48

⑪ 脑电波能让你拥有读心术、意念控制术吗 / 54

⑫ 如何提高记忆力 / 61

PART 3
材料

⑬ 若用这种材料,汽车也会被风吹起来 / 73

⑭ 引领技术变革的纳米印刷 / 80

⑮ 这个研究黑洞和中子星的利器,可能是有史以来中国发起并领导的最大型国际合作科研项目 / 85

PART 4
数学史中的故事

⑯ 如何用数学证明"只可意会,不可言传" / 95

⑰ 一元三次方程的求解之路 / 99

⑱ 从志同道合到分道扬镳:数学与哲学之间的恩怨情仇 / 103

PART 5 计算机史话

- 19 从算盘到计算机——信息时代的前尘往事 / 113
- 20 两千年的数学接力赛催生现代计算机 / 122

PART 6 发现宇宙新奥秘

- 21 黑子"消失",新一轮"冰河期"要来了吗 / 131
- 22 比手机电波频率高出1000倍的宇宙辐射能量是怎样存在的 / 137
- 23 钱德拉望远镜对银河系外曝光七百万秒,它究竟在拍什么 / 142
- 24 "悟空"火眼金睛,洞察宇宙奥秘 / 146
- 25 全世界望远镜共同见证双中子星合并,多信使天文学时代正式开启 / 153
- 26 中国人第一次用自己的望远镜找到新脉冲星！500米口径球面射电望远镜首秀实力不俗 / 160

PART 1

探索自然

PART 1
探索自然

1 美丽的荧光海的"幕后黑手"居然是赤潮

作者:木一(中国科学院大连化学物理研究所)

夜晚,近海处有时会出现神奇的荧光海,很多小伙伴都跑去海边欣赏。海浪拍打在岸边的沙滩上,化成一道蓝色海岸线;海浪拍打在礁石上,蓝色的星星点点像是繁星落到大海中。这梦幻般的景象是怎样形成的呢?

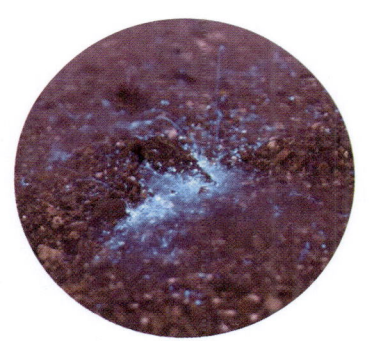

发光的礁石

蓝色海岸线

荧光海中的夜光藻

荧光海中最常见的发光生物是夜光藻，它是浮游甲藻的一种，主要分布在温带和亚热带近海岸水域，属于常见藻类。

我国常见的夜光藻种类是红色夜光藻。有红色夜光藻的海域，白天看上去会泛淡红色，这是它的伴生藻类的颜色。其实，红色夜光藻没有色素体，它是一种异养生物（非光合作用生物），通过吞噬浮游生物、硅藻以及其他甲藻、鱼卵和细菌为生。

单反相机长曝光拍出来的荧光海带有梦幻般的色彩，而光学显微镜下的夜光藻则是一个个胖嘟嘟的生物体。

礁石周围的夜光藻

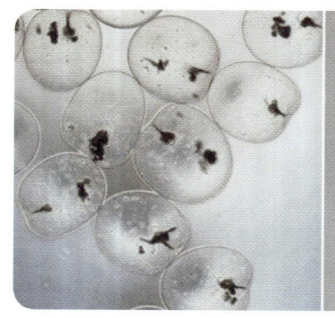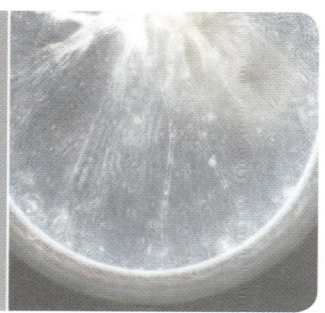

显微镜下的夜光藻

夜光藻长着圆球形的身体，高度囊泡化，有一个能轻微活动的触手，能将外界小型浮游生物或有机颗粒送入胞口内，在细胞内形成食物泡并进行消化。其原生质聚集于胞口附近，原生质中有一个核。它们的细胞直径为

0.15～2毫米，人们在白天用肉眼也能发现它们的存在。

夜光藻为什么能发光

夜光藻发光其实是一种保护机制。夜光藻的天敌是桡足类节肢动物，突然发光可以吓退天敌，或者用光把更大的动物引来，先把桡足类动物吃掉。

目前已知的生物发光体系的发光机理分为两大类，一类是荧光素—荧光素酶体系，另一类是由 Ca^{2+} 触发发光蛋白机制。夜光藻的发光机制属于前者。

在荧光素—荧光素酶体系中，发光底物荧光素和荧光素酶是分开的。当夜光藻表面受到外界压力刺激时，会产生一系列的信号分子，使得荧光素在荧光素酶的作用下，被氧气氧化产生高能量的含氧荧光素，接下来释放能量，变成氧化荧光素。在此过程中，大部分能量转化为光，而荧光素酶是可以反复利用的，被消耗的只是荧光素底物。陆地上的昆虫、蠕虫、细菌和海洋中的软体动物、细菌、鱼类等发光生物的发光机理都是这样的。

荧光素—荧光素酶体系发光机理

由 Ca^{2+} 触发发光蛋白机制的主要特征是，在发光前底物和发光蛋白不分离。例如，发光水母在有氧和无氧的条件下均能发光，是因为水母体内存在水母发光蛋白。发光蛋白复合体是由辅基蛋白和腔肠素分子通过过氧键链接形成的，Ca^{2+} 与发光蛋白复合体上的辅基蛋白结合后，发光蛋白复合体分解成脱辅基蛋白和含有二氧杂环丁酮结构的腔肠素分子，在释放 CO_2 后，形成酰胺腔肠素并伴有发光现象。脱辅基蛋白在完成这一系列反应后，还可以继续与腔肠素结合形成发光蛋白复合体，辅基蛋白也是可以重复使用的。

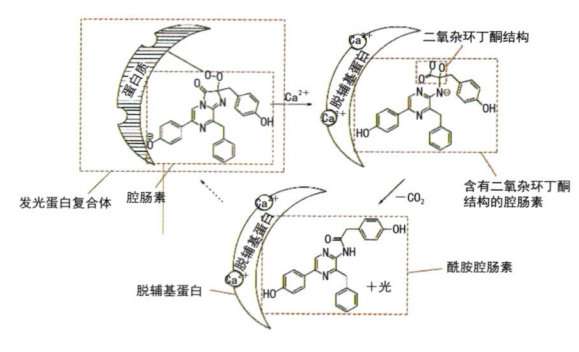

光蛋白酶体系发光机理

什么时候能看到荧光海

夜光藻种群的动态会受到水文要素（温度、盐度等）、生物要素（中型浮游动物等）和气象要素（风速、风向等）等的影响。食物对红色夜光藻的生长尤为重要，但在不同水域其影响有较大的差异。下面以我国大连为例，看看在什么样的条件下会出现荧光海现象。

水温：红色夜光藻的适温范围为 10℃~25℃。在大连，4 月底至 5 月初是观看荧光海的最佳时期。入夏之后，随着气温的升高，大量夜光藻会死亡。

风向：要有往陆地方向刮的风。大连的大黑石和小黑石海域属于渤海南部，因此在刮北风时，北风将夜光藻吹到岸边区域，观察到荧光海的概率会增加；而黑石礁海域属于黄海北部，所以刮南风时在黑石礁海域出现荧光海的概率会大一些。

地点：一般出现在海湾，因为海湾更有利于夜光藻的聚集和繁殖。一片三面环陆的海洋是观看荧光海的最佳地点。

潮汐：涨潮的时候，荧光现象更明显。夜光藻发出荧光需要外界的扰动，涨潮的时候，海浪较大的扰动会使夜光藻发光。而退潮的时候，大量近海的夜光藻会遗留在沙滩上，这时候在沙滩上散步会留下梦幻的蓝色脚印，也可以利用夜光藻在沙滩上"作画"。

盐度：下过大雨之后不宜观看荧光海。夜光藻的种群主要分布于海水表层，最适盐度在29‰～33‰之间，下过暴雨后或梅雨季节，表层水体盐度急降，对夜光藻种群具有巨大的破坏力。

荧光海＝赤潮？

有人认为，夜光藻对被污染的水体很敏感，它们生活在清洁的水体环境中，因此荧光海现象只会出现在污染较少的海湾。

事实恰恰相反。虽然夜光藻本身不具有毒性，但是它们的出现正代表了海洋环境的恶化。海水富营养化，使得作为夜光藻食物的细菌、蓝细菌和单细胞藻类数量增加，有可能造成夜光藻的爆发性增长，从而形成赤潮。

赤潮爆发时大量鱼类死亡

赤潮，又叫红潮，是一种水华现象。它是海洋灾害的一种，是指海洋水体中某些微小的浮游植物、原生动物或细菌，在一定的环境条件下突发性增殖和聚集。

夜光藻赤潮对海洋生态有着巨大的负面影响。

夜光藻赤潮暴发时，大量细胞黏附在鱼的鳃部，导致鱼类因窒息而大量死亡，而死亡鱼类的降解过程会消耗大量溶解氧，并释放硫化氢等有毒物质，对水体环境造成破坏。有毒物质在鱼、贝类体内聚积，人一旦食用之后可能引起中毒甚至导致死亡。

夜光藻还会摄食鱼卵，造成渔业产量下降。

夜光藻增加还会改变浮游植物群落的结构，它们对硅藻和桡足类动物粪便的摄食，阻止了硅藻和桡足类动物粪便的沉降，不利于被固定的有机碳最终被储存在相对稳定的碳储库中（如埋藏在海底，变成不易降解的形式等）。

所以，荧光海虽然美丽，却是人类不愿意看到的景色。

2 旅游带回的"盐湖盐"能吃吗

作者：李雷明、闵秀云（中国科学院青海盐湖研究所），
王晶（中国科学院兰州分院）

湖面结成白色的盐结晶体，人站在上面，如同立于天空的镜子上，水天一色，分不清哪里是天、哪里是地。

你可能已经见过这样的美图，在假期的朋友圈里、在电脑桌面的屏保上……这正是中国的"天空之镜"——位于青海省的茶卡盐湖的景色。

其实，除了茶卡盐湖，青海省还有其他颜色各异的盐湖，如大柴旦盐湖。晴空万里的天气，以蓝天白云为背景，阳光照射下的湖面色彩斑斓。

大柴旦盐湖（图/中国科学院青海盐湖研究所）

盐湖湖水中都有什么成分？盐湖是如何形成的？又是什么让盐湖成了大自然的调色盘呢？让我们从头说起。

盐湖是什么湖

盐湖是一种咸化水体，通常是指湖水含盐度 ω(NaCl) >3.5％（海水平均盐度）的湖泊，也包括表面卤水干涸、由含盐沉积与晶间卤水组成的干盐湖（地下卤水湖）。

盐湖中沉积的盐类矿物约有 200 种。人类已经从盐湖中大量开采石盐、碱、芒硝、钾、锂、镁、硼、溴、硝石、石膏和医用淤泥等作为化工、农业、轻工、冶金、建筑和医疗的重要原料。

盐湖有很多种类。按湖水的主要化学成分来分类，有碳酸盐型盐湖、硫酸盐型盐湖和氯化物型盐湖。按盐类矿产种类划分，不仅有最为常见的石盐湖、芒硝湖和天然碱湖，还有石膏湖、钾镁盐湖、硼湖、锂湖，以及世界罕见的硝酸（钾）盐湖。

盐湖湖水中都含有哪些成分

盐湖湖水的蒸发量大于或至少等于降水量及地面地下水对湖泊的补给量，湖水中氯离子等浓度很高，含盐量超过 24.7‰。

我国柴达木盆地的年蒸发量达 2400～2600 毫米，为年降水量的 30～50 倍，因此形成了很多盐湖，如察尔汗盐湖、茶卡盐湖、大柴旦盐湖等。

大柴旦盐湖（图/中国科学院青海盐湖研究所）

盐湖是如何形成的

盐湖的形成，需要一定的自然条件，其中最主要的有以下两点：

一是干旱或半干旱的气候。在干旱或半干旱的气候条件下，湖泊的蒸发量往往超过湖水的补给量，湖水不断浓缩，含盐量日渐增加，使水中各种元素达到饱和或过饱和的状态，在湖滨和湖底形成各种盐类的沉积矿床。

例如，海拔2600~3200米的柴达木盆地深居内陆，四周绵延的山脉形成了一道屏障，又常年受中纬度西风环流影响，水汽的输送量和降水量都很稀少，空气干燥，是一个典型的内陆荒漠盆地。

位于盆地东北缘的茶卡盐湖，年降水量约210毫米，盆地中心的察尔汗盐湖年降水量仅30毫米左右。这里的蒸发量远远大于降水量，这样的气候条件对于盐湖的形成十分有利，因而在盆地内部分布了众多的盐湖。

降水多显然是不利于盐湖形成的。但是如果气候极度干燥，终年无雨或者降水稀少，也不利于盐湖的形成。例如，在新疆塔克拉玛干沙漠、古尔班通古特沙漠内部，沙丘绵亘，地表无径流产生，盐类呈分散状态，这些地区就难以形成盐湖。

二是封闭的地形和一定的盐分与水量的补给。封闭的地形使流域内的径流向湖泊汇集，湖水不致外泄，盐分通过径流源源不断地从流域内向湖泊输送。在强烈的蒸发作用下，湖水越来越咸，盐分越积越多，久而久之，就形成了盐湖。

盐湖的分布有什么规律呢？从盐湖的形成条件可以看出，盐湖具有明显的地带性分布规律。我国是世界上盐湖最多的国家之一，盐湖几乎全部集中在广大的内陆区域。从东北的吉林省起，向西绵延，经内蒙古、宁夏、甘肃、新疆、青海，直至西藏，全国约二分之一的辽阔土地上，分布着数以千计的盐湖。其中，被称为"盐湖之家"的青藏高原，就有数百个盐湖，被誉为"盐的世界"。

谁为盐湖"染"了色

盐湖拥有丰富的色彩。那么,这些色彩是谁赋予的呢?

首先,要归功于盐湖的成因。由于干旱、半干旱地区盐湖水的蒸发量大于或等于补给量,水中饱含高浓度的盐分,如察尔汗盐湖、达布逊湖等。而在盐湖形成过程中水分蒸发所造成的盐分差异,让湖水拥有了多种多样的色彩,一些盐湖中析出的盐结晶又使湖水表面出现了不同的纹路,在太阳光的折射下,就出现了五光十色的影像。

其次,盐湖的种种颜色,许多直接来自湖中的生物,如嗜盐的微生物、藻类等,它们的存在使盐湖更加绚丽多彩。

纯天然的"盐湖盐"可以吃吗

在盐湖景区,经常会有游客收集盐湖中"纯天然"的盐粒带回家食用。这样的做法其实很不安全。

食盐是人们生活中的必需品。目前生产的食用盐可分为岩盐、井盐、海盐、湖盐。

岩盐可以直接通过采矿的方式获取,或者通过往地下泵水,让岩盐层在水中充分溶解,再把卤水收集起来蒸干。通过这两种方式开采的盐叫岩盐。

地下水或者地下暗河从盐矿间流过,就会充分吸收盐分,成为天然的卤水。直接挖井收集这些卤水并蒸干,通过这种方式得到的盐叫

茶卡盐湖随处可见的盐

井盐。

海盐，顾名思义是将海水浓缩以后提取的盐。

从盐湖里开采出的盐，我们把它称作湖盐。从盐湖中获得食盐是比较容易的，因为盐湖中的盐含量通常非常高，它本身就相当于卤水池了。通过日晒的方法，直接就能提取出白花花的盐。

但通过以上工艺制作出来的盐，并不是可以直接食用的盐。它们仅仅是加工后的粗盐，或多或少还含有一定的杂质，有些杂质可能对身体有害，故不推荐直接食用。我们日常生活中吃的是达到国家食盐食用标准的精制盐。精制盐在加工过程中需要去除杂质，使其达到食用标准。

所以，湖盐虽然是纯天然的，但切勿直接食用。

3 我国恶劣天气的发生频率在下降

作者：刘小鸥（挪威科技大学北极斯瓦尔巴中心）

暴风雨来袭

1998年的特大洪灾还历历在目，2010年全国多个省市又遭到多轮暴雨袭击，前后持续将近5个月。类似的恶劣天气严重影响着我们的生活。

多年来，科学家一直在探索这些恶劣天气的成因和发生趋势，尤其是在全球气候变化的大背景下，这些局部的天气变化似乎让人琢磨不透。

怎样才算恶劣天气

一提到"恶劣天气"我们总能想到风雨交加，狂风暴雨的场面。那么严格来说，什么样的天气才算"恶劣"呢？

恶劣天气使人们的出行变得困难

根据美国气象学会的定义,"恶劣天气"通常指破坏性的强风暴,尤其是局部地区强风暴,包括强雷暴、冰雹与破坏性强风天气。

在气象研究中,科学家会通过不同指标量化大气中的条件变化,从而更好地模拟、预测恶劣天气的发生。

大气垂直方向的运动与变化是科学家关注的重点,因为它们与不同天气系统及其剧烈程度有着直接联系。例如,垂直风的切变可以用来衡量不同高度的风速与风向变化;对流有效位能(CAPE)可以反映上升空气的能量状态。

此外,大气不稳定度、天气强迫机制等都是常见的恶劣天气指标。

然而,将这些短时间的局部天气与整个宏观的气候体系联系起来并非易事。对恶劣天气的观测,通常不仅需要记录气温、降水这些最基本的信息,还可能需要大量目击报告与人工观测。

科学家针对不同地区做过不同尝试。尽管美国以及欧洲的部分国家都有恶劣天气数据库,但几乎都存在着数据不足、部分数据质量不高的问题。

完整数据呈现中国恶劣天气发生趋势

中国气象局也有较详细的我国恶劣天气记录存档。由北京大学张庆红教授与美籍华人科学家张福清教授主导的研究,对这些数据进行了深入挖掘。

这项研究最终选择了 580 个人工观测气象站连续 50 年(1961 ~ 2010 年)的记录数据。

这些气象站遍布全国,都由训练有素的专业人员开展工作,保证了观测数据的质量。这可以说是我国首次通过时空连续的高质量数据,较完整地呈现了过去半个世纪中国恶劣天气的发生趋势。

研究的结果看上去也许有些出乎意料:1961 年至 2010 年间,中国恶劣天气发生趋势明显下降,恶劣天气发生的天数下降了 50%。

研究同时发现，这种强对流天气的减少与亚洲夏季风减弱存在明显相关性（相关性并不等于因果）。

经过初步分析，这股夏季风带来的温暖湿润的空气是大气不稳定的原因之一。季风强度减弱会降低大气不稳定度，也会减少对流层低层的风切变的影响。

长白山高山气象站

"下降"是喜还是忧

许多自然循环依赖恶劣天气及随之而来的降水。例如，暴雨的减少可能会导致干旱问题的增加。由此也衍生出一些理论推测——当恶劣天气出现的频率下降时，或许存在其强度增加的潜在可能。这背后深层次的原因同样值得我们深思，尽管这已经超出了研究范围。研究人员也提到，过去这50年恰逢快速的、多维度的环境变化，由于社会经济发展、人口膨胀及城市化，空气质量、土地利用情况和土地覆盖情况等都发生了巨大变化。

除此之外，还有暂时无法解释的细节引起了研究人员的关注。比如，在雷暴、大风、冰雹三种恶劣天气中，雷暴、大风天气的发生频率在这50年间呈平稳下降的趋势，冰雹天气在20世纪80年代之前发生的频率变化甚微，但之后直线下降。

当然，这些都还有待继续研究。

4 用一根足够长的尺子，可以测量大海有多深吗

作者：王舒文、刘晓东（本文由科普中国融合创作出品，王舒文、刘晓东制作，中国科学院计算机网络信息中心监制）

《西游记》中铁扇公主的芭蕉扇能够扇灭火焰山的三昧真火，科研工作者的"声波扇"可以做什么呢？

从浩瀚的宇宙遥望，地球是一颗美丽的蓝色星球，它表面71%的面积被海洋所覆盖。海洋是一座巨大的资源宝库，蕴藏着丰富的海洋生物、矿物、化学以及动力资源。人们如果想深入了解海洋、在海上开展科学实验、开发或保护海洋资源，都需要获得一个最基础的海洋信息——水深。地球上海洋的平均深度大约为3800米，其中最深处是太平洋的马里亚纳海沟"挑战者深渊"，深度大约为11000米。那么，人们是如何测出这11000米水深的呢？

阿基米德曾说过："给我一个支点和一根足够长的杠杆，我就可以撬动地球。"如果给你一根足够长的尺子，你能测量出大海有多深吗？

为了测量海深，我们都动了哪些脑筋

在陆地上，人们通常使用激光测量物体之间的距离，那么能用激光测量最深海域的水深吗？答案是否定的。因为包括激光在内的电磁波在水中传播时衰减得非常快，传播几百

米就没有能量了,所以无法用来探测 11000 米深的海域。

你肯定还想到了另一种方法,就是用绳子绑上重物放入水中,等重物沉到水底后,通过测量绳子的长度来获得水深。可惜这种方法不仅效率很低,测量结果误差也非常大,而且只有特殊制作的绳子才能负重沉到 11000 米水深还不断裂。因此使用绳子测量深海水深实际上是难以实现的。

那么,到底用什么方法才能测量 11000 米水深呢?

一种方法是布放深度计或压力计到海底进行测量。但布放、回收过程耗时长,而且水深结果是根据压力和海水特性反演出来的,所以结果也具有一定的误差。这种方法虽然空间分辨能力非常高,但探测效率(单位时间所探测的面积)非常低。

还有一种方法是根据重力影响下不同深度的海平面高度不同这一特性,利用卫星遥感测量海平面高度,反演出水深。此方法的探测效率非常高,但是探测结果的空间分

激光测深(图/中国科学院声学研究所)

绳子(测深垂线)测深(图/中国科学院声学研究所)

深度计测深(图/中国科学院声学研究所)

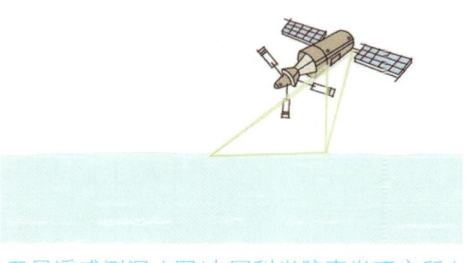

卫星遥感测深(图/中国科学院声学研究所)

辨能力较低，无法得到精确的海底地形数据。

目前最常用的是声学方法。因为声波在水中传播时的衰减远小于电磁波，而且频率越低，衰减越小，所以通过合理选择频率，可实现 11000 米深海域的测深。

一开始，科学家使用的是单波束测深仪，将它安装在船底，工作时向船的正下方发射一束声波信号，声波到达海底后反射回来，再由单波束测深仪接收。结合声波在水中传播的速度、发射到接收所用的传播时间，就可以计算出海底深度。单波束测深仪可以快速、有效地测量海洋深度，但一次测量只能获得一个位置的水深结果，效率还是比较低的。

单波束测深（图/中国科学院声学研究所）

高效准确探测，还得它出马

为了进一步提高 11000 米深海域的声学测深效率，全海深多波束测深系统应运而生。

全海深多波束测深系统也安装于船底，工作频率一般为 12000 赫兹，从外观上看是两条阵。

第一条是发射阵，沿着船体龙骨方向安装，它发出的声波信号会形成一个"发射扇面"，"照射"到垂直船体龙骨方向的海底条带的各个位置。在"发射扇面"上，波束沿着龙骨方向张开的角度较小，为 0.5°～2°，当波束角度为 1° 时，发射阵的长度约为 8 米。

全海深多波束测深（图/中国科学院声学研究所）

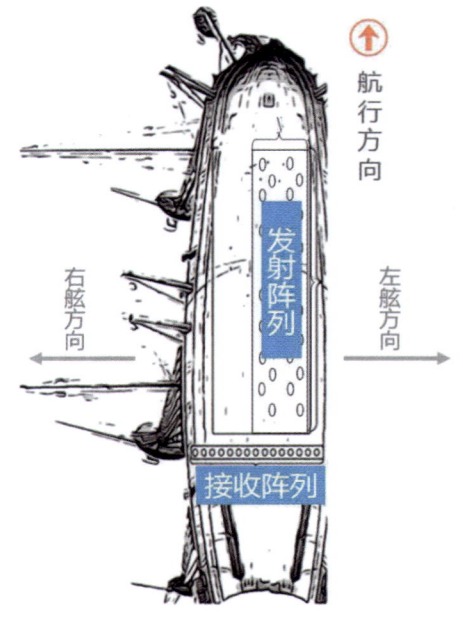

全海深多波束测深系统的发射阵列和接收阵列示意图（图/中国科学院声学研究所）

第二条是接收阵，垂直于船体龙骨的方向安装，用来接收从海底反射和散射回来的声波信号。利用声学信号的处理方法，接收阵可以只接收来自特定方向的声波信号，形成定向的"接收扇面"。在"接收扇面"上，角度为1°～2°的多个窄波束沿垂直龙骨方向回收，当波束角度为2°时，接收阵的长度约为4米。

"接收扇面"与"发射扇面"相交方向"照射"到的海底就是被测区域，根据声波信号传播回来的方向与往返时间，就可以计算出被测区域的水深和距离船体的水平位置。

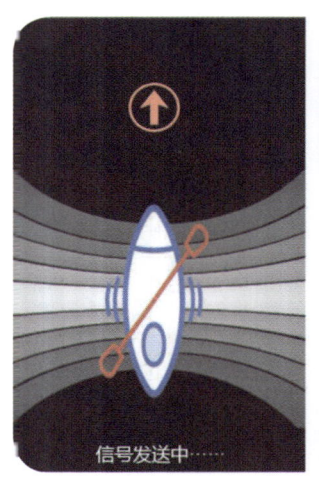 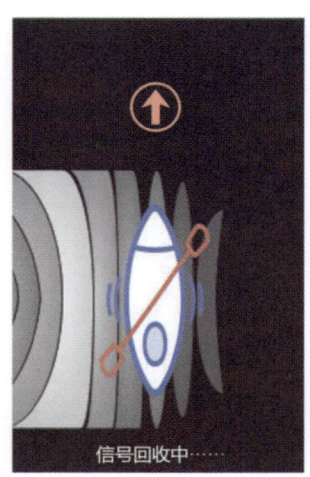 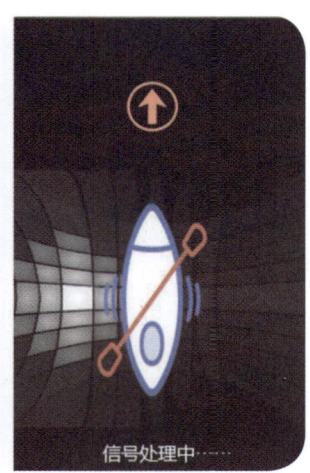

船下方的浅色区域即为被测区域（图/中国科学院声学研究所）

多波束测深系统的接收阵可以同时接收成百上千个特定方向的回波,也就是说,一次测量就可以获得成百上千个位置的水深。因此,全海深多波束测深是目前既高效又准确的深海海域水深测量方法,其空间分辨能力显著高于卫星遥感测量方法。

通常情况下,船一边向前航行,一边测量水深,将一次又一次的测量结果拼接起来,就能够得到一片区域的水深图,也就是海底地形图。

实际测量中,全海深多波束测深系统必须解决的难题是波束稳定技术。

众所周知,大部分时间里海面不会风平浪静。海水中的声速约为1500米/秒,探测11000米深海域时,全海深多波束测深系统一次测量过程(从开始发射声波到接收完最远端返回的声波)需要几十秒,在这段时间里船的姿态始终随着风浪发生变化,此时声波的发射方向和回波接收方向可能都不再是预设的方向,得到的水深结果就会存在误差,拼接起来的水深图可能会发生扭曲。

风浪导致船体姿态发生变化,测深的波束难以稳定(图/中国科学院声学研究所)

这时候就要"放大招"了!通过预测船体的姿态,全海深多波束测深系统采取相应的补偿措施,无论船的姿态如何变化,最终发射和接收的声波都能稳定在预定的方向,从而获得更加准确的探测结果。

为了使声波条带尽可能与船的航行方向垂直,发射波束时采用向不同方向分别发射多个声波扇面以拼成整个声波条带的策略,此时各个扇面"照射"

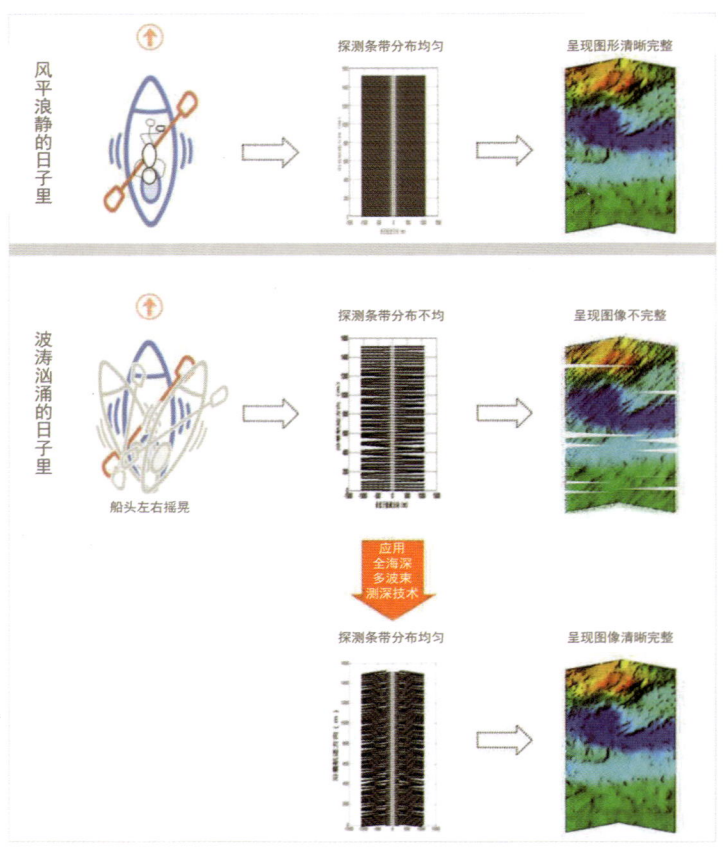

波束稳定效果（图/中国科学院声学研究所）

海底区域的中心的连线垂直于船行方向。

此外，为了更好地实现11000米深海域的水深探测，全海深多波束测深系统还采取了多种消除误差和偏差的措施，包括选择合理的发

全海深多波束测深系统可实现波束实时稳定（图/中国科学院声学研究所）

射信号，进行姿态、位置、声速偏差修正以及多普勒效应修正等。

在实现对 11000 米深海域高效准确探测的同时，全海深多波束测深系统还具备最浅在 20 米深海域进行探测的能力，并能利用声波探测海底地貌与水中目标，为深海海域探测提供更丰富的探测信息。

多种测深手段比较表

	空间分辨能力	测量误差	探测效率
深度计（压力计）	非常高	小	低
卫星遥感测量	低	大	非常高
单波束测深仪	中	中	中
多波束测深系统	高	小	高

结语

以中国科学院声学研究所为核心的科研团队，经过 10 年的艰苦研制与技术攻关，成功研制出了我国首套具有自主知识产权的全海深多波束测深系统，已安装于科学考察船并且开展了 6000 多千米测深应用示范。这使我国成为继挪威、德国和丹麦之后第四个研制出现代全海深多波束测深系统的国家。

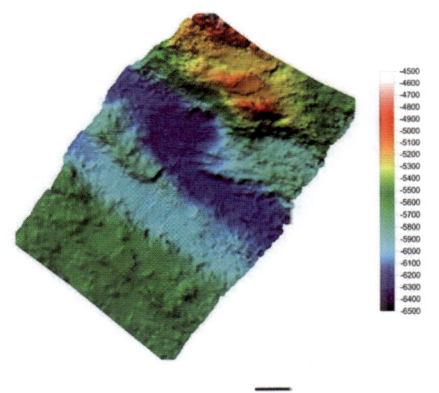

全海深多波束测深系统绘制的海底地形图（图/中国科学院声学研究所）

5 时间能倒流吗

作者：李孝辉（中国科学院国家授时中心）

虽然你不能像电影中的本杰明·巴顿一样可以返老还童，但你可能拥有一样神奇的武器——熵。这个到处捣蛋的熵，唯恐天下不乱。

熵代表一个系统的无序程度，系统越乱，熵就越高兴，因为它会因此而变大。这里的系统是一个泛指。在物理学上，系统一般指分子、原子组成的独立个体。放大来说，如果你在一个房间里，房间门一锁，你与房间就组成了一个系统。

当然，就算这样，你也不能妄想时间倒流，毕竟这是由物理定律决定的，这个物理定律就是熵增加原理。

我们来看这样一个片段：

一天中午，我坐在餐桌边吃午饭。我的心情好极了，因为我刚刚吃完一条鱼，盘子里是完整的鱼骨头。刚要放下筷

现实中，鱼和鱼骨头的转变当然是不可逆的

子,"丁零零……"客厅的电话响了。

我走到客厅,拿起电话,发现是杨博士,听得出他很高兴:"告诉你一个好消息,时间倒流器研制成功了!我们马上要打开机器,时间会倒流回从前,你准备体验吧!"我还没来得及答话,杨博士的电话就放下了,他总是这么着急。

"时间倒流,难道真有这回事?"

突然,我感觉头晕了一下,血涌上头顶,身体好像也不是自己的了。怎么回事?我身体一直很好的!

"丁零零……"电话又响了,奇怪,我怎么不接电话?同时,我却看着电话,倒退着回到餐桌。真是奇怪,我是怎么了?天哪!

接着,更奇怪的事情发生了:我居然从嘴里一口口地吐出鱼肉,鱼肉回到鱼的骨头上,没一会儿就拼成了一条完整的鱼,还冒着热气。

这时我才明白,时间真的倒流了!

等我吐出一整条鱼后,我把筷子放下,倒退着走到洗手间,扭了一下水龙头,只见下水道的脏水"咕嘟咕嘟"地涌上来,又钻到水龙头里,我竟然不嫌脏,把干干净净的手伸过去洗,顿时,手上沾满了泥。太可怕了,我真有点庆幸刚才没有上厕所。

时间倒流太可怕了,还是快回到正常状态吧!

当然,以上的画面在现实中是不可能发生的,因为有开头提到的熵增加原理。制约宇宙发展的"天意"就是熵增加原理。也就是说,一个封闭系统,它的熵永远是增加的。就像人在房间里活动,人越活动,房间越乱,熵就越大。

有人会说,把房间收拾整齐,那熵不就减小了吗?事实上,虽然

房间越乱,熵越大

房间看起来整齐了，但收拾房间要耗费很多能量，要发热，房间里的温度会升高，气体分子、你自身的生理反应反而使房间的熵增大了。即使人不活动，房间里各种分子、原子也会把房间搞乱，它的熵还是在增加。

熵增加是这块玻璃不会自动变完整的原因

那么，为什么只有玻璃杯掉在地上摔碎，却没有一堆碎玻璃由于分子运动而自动形成完整的玻璃呢？这是因为碎玻璃更加无序，它的熵更大。

熵增加原理告诉我们，宇宙的发展演化是单向的，一直朝着更无序的方向发展。为了比较宇宙发展中出现的一个个事件，人们创造了"时间"这个概念，时间也一定是单向的。

电影《大话西游》截图

说到这里，最失望的可能是电影《大话西游》里的至尊宝。他的月光宝盒不能令时光倒流，这样，他就救不了紫霞，就会在悔恨中度过余生。

很多作家、电影导演也会失望，他们那些令时光加速或是回到过去的作品是很不真实的。

这也难怪，掌控时间是多少年来人们的共同愿望。老人希望能回到年轻的时候，小孩子想快快长大，这些估计只能在文学作品和电影里实现了。

电影《本杰明·巴顿奇事》截图

最后，送上本杰明·巴顿的一句话："亲爱的人类啊，就别妄想有'波若波罗密'和'后悔药'了。"

6 飞机窗户破裂很危险

> 作者：阿洛伊修斯（科普中国联合创作）

2018年5月14日，四川航空3U8633号航班在执行由重庆飞往拉萨的航班任务时，在9800米、0.75马赫的巡航状态下，驾驶舱挡风玻璃破碎。在机组人员的正确处理下，飞机紧急迫降成都，一起可能为世界民航史上罕见的严重事故化险为夷。

这次事件引发了广泛的关注和讨论。有人可能感到好奇，飞机驾驶舱的玻璃破碎，到底意味着什么？可能会发生什么危险？

飞机窗户破裂有多危险

巨大的压强差

我们知道，海拔越高，气温越低，大气压强越小，空气越稀薄。在万米高空，气温能够低至-50℃，气压也仅有海平面大气压的四分之一，这样恶劣的环境是人体无法承受的。在机舱外，呼吸、活动乃至生存都极其艰难。

正常情况下，客机机舱内的压强和氧气浓度会被控制在接近地面的状态，以保证乘客的生命安全和舒适感。

而军用飞机，如战斗机、轰炸机，机内气压较低，飞行员靠穿戴式的供氧设备和加压制服来保证正常的生理状况。这是为了适应战斗状态的需要，防止机体受损对飞行员造成不利影响。

而对客机来说，当机体意外受损时，舱内和舱外较大的气压差就会导致飞机舱内的气体急速地从破损处泄露，人可能会被直接吸出舱外。

机舱外"地狱模式"强风

处于巡航状态的客机飞行速度很快，气流以每小时约 900 千米的高速吹过机身。如果人被吸出舱外，强风就会直接吹到人的脸上和身上。

要知道，台风的最大风速一般也不过每小时 140 千米，就足以对人的生命和财产安全造成巨大威胁，而风速超过每小时 180 千米就是人们"闻之色变"的超强台风。相比之下，客机机舱外的强风简直可以被称为"地狱模式"，每小时 900 千米的气流能够轻易地撕裂人的一些软组织和毛细血管，甩打四肢和头颈，造成骨折。

副驾驶员被气流吹碎的制服（图/新浪微博@航空事）

在 2018 年 5 月 14 日的这起突发事故中，副驾驶员半个身体被吸出了窗外，靠安全带才固定在座位上，落地后经检查仅受轻伤。然而，2018 年 4 月 17 日的美国西南航空 1380 号航班则没有这么幸运，引擎爆炸的碎片击碎了飞机的舷窗，离窗户最近的一名女乘客半个身体被吸出窗外后滞留数分钟，经抢救无效去世。

历史上也曾发生过一起与川航 3U8633 号航班类似的严重事故。1990 年，英航 5390 号航班在 5300 米的高空风挡脱落，机长被吸出窗外，整个人挂在驾驶舱外并失去意识。副驾驶员紧急

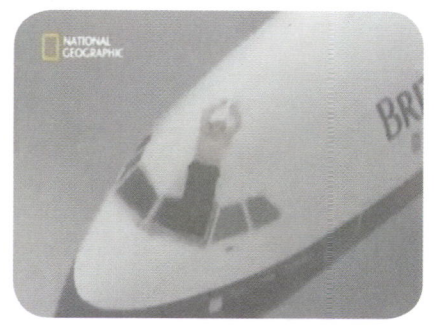

挂在驾驶舱外的5390号航班机长（图/纪录片《空中浩劫》）

接管了飞机，最终安全降落。机长全身多处骨折、擦伤、割伤，但奇迹般地生还了。

值得一提的是，这位不知道是幸运还是不幸的机长康复后回到了工作岗位，而副驾驶员却因为这次事故留下了严重的心理阴影，不能继续飞行了。

突然减压

虽然有安全带固定、待在机舱内部的人员避免了直面高速气流和低温，但他们要面临突然减压带来的威胁。突然减压可能会对人体产生一系列物理影响，包括肺内压升高带来的肺损伤，气压差造成的鼻窦、中耳损伤，以及高空减压病。

高空减压病是一种可能在高空减压和潜水上浮时发生的特殊病症。在正常气压下溶解在体液中的微量氮气，可能在低气压下离析出来形成气泡，在身体组织内形成压迫和栓塞，引起情况各异的疼痛、水肿、组织缺血甚至梗死。

高空缺氧

高空缺氧则是最危险的。

急性暴露于高空低气压环境下，持续数分钟或数小时所引起的缺氧称为急性高空缺氧。它会引发头晕、肌肉运动协调能力丧失、智力功能障碍、气促、心动过速、发绀、意识丧失等症状。而在呼吸空气的条件下，突然暴露于10000米或者更高的高空所引起的极度缺氧，则属于暴发性高空缺氧。

发生暴发性高空缺氧时，人会在数分钟内失去意识，如果暴露时间过长，就会引起心衰、慢性可逆或不可逆的脑组织损伤，甚至死亡。

一旦发生暴发性高空缺氧，飞机必须立即下降到安全高度，使舱内气压不至于过低，并对飞行人员及乘客应急供氧。

在这次四川航空的事故中，机长可谓力挽狂澜，在低温、强噪声、气流吹袭以及部分自动化设备失灵的极端情况下，镇定地做出了应急处理，迅速操纵飞机使其降低高度并减速，最终成功迫降在成都双流机场。

万一遇到舷窗破损，怎么办

戴好氧气面罩

飞行事故发生时，乘客能做的其实非常少。

乘客能做的主要是：待在原地，尽量保持镇定，戴好氧气面罩，按机组人员的指示行动。

为什么要强调戴好氧气面罩？

每架客机携带的氧气，都足够在紧急情况下通过氧气面罩为乘客连续供氧。因此，只要戴好氧气面罩，就不必担心发生过于严重的高空缺氧。

需要注意的是，一旦发生机体破损，在暴发性高空缺氧状态下，人的有效意识时间非常短暂，缺氧状态的人甚至会在感觉到自己缺氧之前就已失去意识。因此，必须尽快按正确流程戴好氧气面罩，而且要听从机组人员指示，自己先戴好，再帮助他人。

系好安全带

要特别指出的是，登机后，直到飞机安全降落结束滑行前，我们一定要系好安全带。

安全带是发生飞行事故时乘客的一道生命线，这次四川航空3U8633号航班的副驾驶员正是因为系了安全带，才没有完全被气流吸出驾驶舱。1988年的阿罗哈航空243号航班天花板发生爆裂，机舱被撕裂成"敞篷飞机"，但仍成功迫降，仅有一名未系安全带的空乘被吸出机舱，其余人员全部生还。

变成"敞篷飞机"的阿罗哈航空243号航班
（图/迪安·森苏伊）

跳伞可行吗？不行

有人可能会问，那我能不能跳伞求生呢？

在民用飞机上跳伞？为了自己的人身安全，还是不要考虑了！

跳伞可不是背上伞包来个"信仰之跃"就能生存的。对毫无经验的客机乘客来说，几十甚至上百个人从严寒、缺氧的高空跳伞简直是"落地成盒"的玩法，伞绳缠绕、机翼干扰、不会控制姿态、不会落地……随便出现其中任何一种情况就会送命。因此，待在机舱里，等待机组人员带我们平安回到地面才是最安全的做法。

每一位飞行员在坐进客机的驾驶舱之前，都经过了大量的专业知识学习、模拟和训练，他们和众多的地面机务人员一起，构成了乘客生命安全的坚实保障，使程序庞杂的民航飞行成为最安全的交通方式之一。向每一位守护飞行安全、带乘客平安回家的航空工作者致敬！

PART 2

人体千百态

PART 2
人体千百态

7 熬夜伤身、宵夜长膘，生物钟原来如此强大

作者：王攀（中国科学院动物研究所）

在生命科学领域学习、研究得越久，就越能感受到生命的无穷奥妙。纷繁复杂的生命过程能够被高度精确地调控，让人不得不怀着敬畏之心来面对自然和看待自身。昼夜节律的调控就是一个非常鲜活的例子。

生物的昼夜节律

地球上的一昼夜是24小时，为了适应昼夜变化规律，所有在地球上生存的植物、动物、真菌等，都进化出了生命活动中的昼夜节律。

动物的昼夜节律主要表现在行为和生理上。行为上主要表现在睡眠、进食等方面，生理上主要表现在体温、脑电波、激素水平、血压和细胞再生等方面。

昼夜节律是由一系列复杂的生物化学反应进行调控的，包括关键信号蛋白转录、表达以及其活性的抑制和激活，从而调控体内代谢反应和激素水平。这些调控机制统称为生物钟。

人体生物钟

人类是日行动物，大部分的活动，如饮食、锻炼及工作等，都是在白天完成的，夜间的主要活动是睡觉。人体内的生物钟按时间顺序协调所有的生命活动，尤其是动员各种代谢反应，为各项生理活动提供所需的能量。

生物钟存在于人体内各个器官，可分为中枢生物钟和外周生物钟。

中枢生物钟位于大脑下丘脑中的视交叉上核，由2000多个神经细胞组成；外周生物钟位于与代谢有关的器官，如肝脏、心脏和肾脏等。中枢生物钟和外周生物钟都受到环境因素（主要是光照）的影响。中枢生物钟受到光照的直接影响，而外周生物钟受光照的间接影响。

简单地讲，眼球中的视网膜受到光照刺激，直接将神经信号传导到大脑的视交叉上核，启动相关关键蛋白的表达，引发级联反应。而该关键蛋白会激活其抑制蛋白的表达，使该关键蛋白的表达在24小时内逐步下降，待下次受到光照刺激时再次被激活，实现昼夜节律的24小时周期控制，所以该机制是一种可稳定运行的负反馈机制。中枢生物钟的信号通过神经传导、激素调节、体温变化和进食调节等，影响外周生物钟。

中枢生物钟与外周生物钟之间的部分联系由按照昼夜节律分泌的激素传导，激素包括胰腺分泌的调节糖代谢的胰岛素、胰高血糖素，脂肪细胞分泌的调节脂肪代谢的脂联素、瘦素，以及胃部分泌的脑肠肽等。

这些激素一般在白天分泌量很大，可以促进食物的代谢，而在夜间分泌量减小，如果夜间摄入的食物过多，就会因无法及时代谢而被身体储存起来，导致肥胖。

打破节律恶果多

现代生活中，人们夜间活动的增加，如上夜班、加班、夜间进食等，成为身体维持正常昼夜节律的障碍。人们的活动节律与体内代谢的内在节律不一致，导致机体产生各种与脂肪及糖类代谢相关的疾病，如肥胖、糖尿病、心血管疾病等。

最新研究发现，代谢水平的昼夜节律并不仅仅由进食和饥饿介导，还由生物钟主动调节。

昼夜节律不仅调节饮食和代谢，更调节人类的清醒—睡眠周期。

例如，当人们经历跨时区旅行时，环境的昼夜交替和自身体内的节律错位，会让人产生"时差"的感觉。

又如，人们在熬夜之后，即使第二天补觉也会感觉非常疲乏，这也是昼夜节律紊乱的结果。白天睡觉的休息效果完全比不上夜间休息。

此外，人们在夜晚若接受了过多的光亮刺激，如电视、电脑等，大脑就会把夜晚错当成白天，于是，各项生命过程不能调整成夜晚的休息模式，促进睡眠的褪黑激素分泌不足，代谢依然旺盛，从而造成入睡困难、睡眠质量下降等问题。

保持昼夜节律有利于生物适应环境，从而在漫长的进化过程中被选择并维持下来。

总而言之，我们越多地了解人体运行的奥秘，越多地认识到人的各项生理功能是亿万年自然进化的结果，就越会意识到只有顺应自然规律，才能更好地维持人体的正常运转，远离各种疾病和亚健康的状态。

8 脑科学教你如何更会吃

作者：刘钢（中国社会科学院）

动画《千与千寻》场景

几千年前孔子就曾说过"食色，性也"，不仅如此，还"食不厌精，脍不厌细"。那么，你从科学的角度思考过这个问题吗？

最近，科学家开始研究这个课题，英国牛津大学的克罗里克和美国迈阿密大学的简尼斯威斯基从脑科学和营销学的角度对此现象进行了研究。

大脑也会开启"享乐"模式

北京的臭豆腐，湖南、湖北的臭干子，安徽的臭鳜鱼，法国的蓝纹奶酪以及东南亚的榴梿等，都是闻着臭吃着香。

不仅如此,一旦你喜欢上了某种闻着臭吃着香的食品,就会越吃越爱吃。如果隔一段时间没有吃到它,甚至还会想念它的味道。

如何从科学的角度解释这种现象呢?上述两位学者在《消费者研究杂志》上就这个问题给出了答案。这要从人的大脑认知结构谈起。

他们认为,人类的大脑很容易适应感官和物理的变化。例如,从寒冷的环境进入温暖的房间就会感到舒适,这就是所谓的"享乐舒适"。

榴梿班戟

不过,如果享乐舒适超出了一定的范围,就会出现不舒适了。例如,中医讲究"要想小儿安,三分饥和寒"。"安"意味着"舒适",把孩子喂得过饱,导致其消化不了,就会得病,还怎么"舒适"呢?

科学家发现,要培养消费者味觉的细腻,升级才是正道。那么,如何升级呢?

大脑的"享乐升级"是什么

顿顿吃臭豆腐等食物恐怕会令人生厌,顿顿吃鸡鸭鱼肉同样如此。

但是,凡事皆有例外,也有让人不厌烦的,科学家称其为"享乐升级"。喝白酒是一些人所好,喝红酒也是一些人的讲究。喝酒的人很容易体会到这种享乐升级,随着喝酒经验的积累,他们就会品鉴出哪款酒好、哪款酒不好。

当然，这只是类型的区别，仅仅停留在这个层面还远远不够。马克拉默是一位专业的红酒品鉴家，他发现好的品尝体验带来的快感不应该是越吃越少的。相反，品尝一款高品质的红酒，每一口都能增加品尝的快感。因为随着时间的变化，高级红酒的味道也会不断变化，这种变化使每一口品尝都变得更有层次，所以每次品尝都能发现新的味道。这种每多尝一口就感觉更快乐的体验，叫作"享乐升级"。

根据脑电波研究和商业案例来看，食用习惯和包装等细节处理在某种程度上对食品的体验也起到很大作用。

例如，研究发现，咖啡包装是使用纸杯还是塑料杯、包装品牌标识怎样设计等都会影响品尝者的整体体验。这从另一方面提示我们，除了口味体验，我们也应该关注消费者食用食品时的细节，将细节做到最优——这也是一款食品占领市场的制胜关键之一。

然而，人的味蕾不光受视觉影响，其实在占领市场的过程中，口味是十分重要的。食品生产者都希望大众尽可能地喜欢自己的产品，能成为回头客，然而人们越吃越爱吃并非仅仅是由于食品的味道好。从享乐适应和享乐升级的角度来看，一款食品要想得到消费者的持续青睐，重要的不仅是口味本身，更是口味搭配的层次感和体验。

当然，大部分"吃货"还仅仅停留在享乐适应层面，他们不乐意往上"升级"自己的"享乐"。这就使得商家必须绞尽脑汁地延缓消费者对口味厌倦的时间。比如，设法让食客减少吃某种食品的频率（饥饿营销），让食客品尝其他种类的食品（选择比较），买食品时赠送其他奖品（笼络人心）等。

会做生意的生产商会在自己的食品上下功夫，尤其是在调料上。北京的炸酱面、武汉的热干面，这一南一北，虽然都是面条，但配料不同，于是分别成了经久不衰的食品。

大脑也会有味道"偏好"

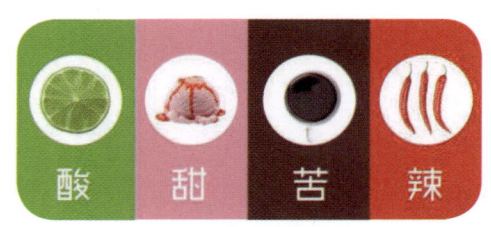

酸甜苦辣

科学家发现,人们对某些味道有特殊的偏好,这种偏好既有先天的,也有后天的。

举例来说,冰激凌等甜品中的甜味会让人产生幸福感,这是因为甜味能促进大脑释放类鸦片物质,人们喜欢甜品就是一种天生的偏好。

但是,有些味道并非先天就会让人产生偏好,例如苦咖啡、纯可可等。在后天,人们为了接受这些味道,将它们与甜味相结合,产生出一种后天拥有的幸福感,于是就有了卡布奇诺、拿铁等食品。

从某种程度上来说,无论是先天拥有的,还是后天形成的偏好,随着口味的增强,幸福感都会提升。

要引起重视的是,反复品尝同一味道的食品会让情景记忆(对自身在特定时间和地点的经历所形成的记忆)改变。换句话说,一种东西吃多了就腻了,想换个口味。

此外,科学家还发现,吃甜食会促进人们脑部形成与之相关的情景记忆,而情景记忆对于健康饮食习惯的形成具有重要影响。

研究人员发现,在给大鼠喂食含有蔗糖或者糖精的甜味食物后,大鼠背侧海马神经元中一种叫作 ARC 的突触可塑性标记蛋白的表达显著增加,这表明在吃甜食的过程中位于背侧海马体的神经元被激活,促进了情景记忆的形成。

帕仁特教授说过:"我们认为情景记忆能够控制进食行为,比如我们会

告诉自己'我已经吃了一顿大餐,不能再吃了',而我们之所以会做出这样的决定,就是因为我们已经形成了关于进食时间和进食内容的记忆。"

如何体会到"享乐升级"

科学家发现,口味的多元化才是真正保持享乐升级的秘密。

目前关于享乐升级的实证研究不多,为了验证享乐升级的存在,克罗里克和简尼斯威斯基做了一个实验:

请人们品尝五种最受欢迎的薯片,每种薯片品尝五次,每次品尝后为薯片的味道打分。73%的被试者在至少一种食物中体验到了享乐升级。这次实验的一个重要发现是,包含多重口味的食品比单一口味的食品更能使人产生享乐升级体验。

他们还发现,让被试者快速喝下果汁时,若他知道果汁的配方,就能够更快地分辨出不同层次的味道,体验到享乐升级;若慢慢地品尝,是否知道果汁配方的差别不大。

这说明,在快速购物的环境中,详细的信息能够帮助顾客分辨和感受味道。或者在顾客品尝时,每次告诉他一个新的口味,引导其品尝,也能使其产生享乐升级体验。这是因为在这种引导下,品尝者也能够感受到多种口味,从而更容易体会到享乐升级。

9 人为什么要打哈欠

作者：刘春梅（中国科学院亚热带农业生态研究所）

俗话说，春困秋乏夏打盹。人们似乎随时都能感受到疲乏困倦。上班族看着电脑犯困打哈欠，学生盯着黑板哈欠连连，公交车、地铁上一个人打哈欠，旁边的人有时也会忍不住打起哈欠……

那么，人们为什么会打哈欠呢？其实，关于哈欠，我们了解得还真不多。

人为什么会打哈欠

每个人都具备"打哈欠"这一基本反应，这种行为大多不受主观意志的控制。关于打哈欠的起因，众说纷纭，主要存在以下几种理论：

进化说

进化说认为，人打哈欠的行为是原始祖先传下来的，打哈欠时露出牙齿是为了向别人发出警告。然而，人类的发展已经进入文明社会，用打哈欠的方式向别人发出警告已经过时了。如果是这样的话，那么人类打哈欠的行为，最有可能是一种已经丧失存在意义的演化遗存了。

大脑缺氧说

有人认为,打哈欠能缓解大脑缺氧。当人疲劳、睡眠不足时,大脑会缺血、缺氧,这时候,打哈欠能使肺部扩张,增加心脏交换血液的效率以及血液中的含氧量,从而缓解缺氧现象。然而,随着研究的深入,我们发现,肺脏不一定会侦测到氧气的不足,因为子宫内的胎儿虽然肺脏不能换气,但却已经会打哈欠了。

唤醒假说

有人猜测,哈欠可能在维持大脑正常的清醒程度和警惕水平中扮演重要角色。人在疲惫时常常会打哈欠,而且个人对困意的主观感觉也会影响打哈欠的频率。人在睡眠前后即清醒程度降低时也容易打哈欠,哈欠的频率分布能够精确地反映人的作息规律。

嗜睡假说

与唤醒假说相反,嗜睡假说认为打哈欠让人更有困意。有实验数据表明,在打过哈欠之后,人的清醒程度会降低。但是这一假说很难解释困意引发的哈欠为何会进一步增强困意,因为没有反馈机制的存在,很难保证睡眠和清醒之间的平衡。

温度调节说

有科学家提出,打哈欠是为了给大脑降温。在打哈欠时,空气通过上腭和鼻腔,下颌做极限拉伸,进入大脑的血液量增加,伴随着吸入大量空气,上颌窦扩张和收缩,不断地将空气输送到脑部血管,从而降低血液的温度。

而近期又有研究通过红外摄影观测了大鼠在打哈欠前、中、后角膜的热变化,结果显示,大鼠打哈欠后10秒,角膜的最高温度明显下降,20秒后恢复到基础温度,从而证明打哈欠跟温度调节有关。

打哈欠会"传染"吗

当你看到周围的人打哈欠时，你是否也会情不自禁地跟着打哈欠？更有趣的是，当你听到打哈欠的声音，看到打哈欠的字眼，甚至联想到打哈欠的情景时，都可能会不知不觉地打起哈欠来。而打哈欠为什么会"传染"，科学家的答案还不统一，目前主要包括以下几种：

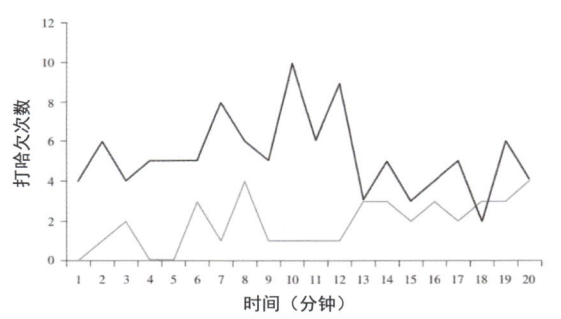

观看打哈欠视频被"传染"哈欠的效果图（注：黑线表示看打哈欠视频，灰线为对照视频）

移情作用的连锁反应

科学家发现，只有大脑皮质发达的脊椎动物才能彼此"传染"哈欠，他（它）们能了解同伴的想法，因此会在"移情作用"的影响下，把同伴打哈欠的行为反映到自己身上，从而产生"连锁反应"。

美国一项研究结果显示，正常孩子在看完打哈欠视频后更容易打哈欠，而自闭症儿童在看视频前后几乎无变化。因此，在沟通与社交上能力不足的人，不容易被"传染"哈欠。

"情绪感染"的无意识模仿

也有专家认为，打哈欠"传染"并不是移情，而是一种"情绪感染"。情绪感染是对他人情绪状态的直觉反应，并不包含对情境和他人心理状态的认知理解，即当个体感知到客观事物的状态时，一种特殊的自然反应便产生了。因此，打

打哈欠的"传染"行为

哈欠的"传染"行为应被视为情绪感染而不是移情。

从众心理

还有人指出,打哈欠"传染"是心理学中的马纳姆效应,是从众心理的作用。其实人类一直都在寻找自己,却常常迷失,很容易受到周围信息的暗示,并把他人的言行作为自己行动的参照,从众心理便是典型的证明。

大脑无意识自动模仿

有科学家提出,打哈欠的信号会自动触发大脑运动皮质的原始反射,导致无意识自动模仿。研究人员称,被哈欠"传染"属于一种模仿现象,即不由自主地模仿他人的行为或语言,机械重复特定的动作或语言。这种模仿特性也是原始人融入集体的一种方式,通过模仿同样的动作来表达共同属性,以避免树敌。

打个哈欠,益处良多

研究表明,人打一个哈欠,平均只需要 6 秒钟。但就在这短短的 6 秒内,大脑、眼睛、肾脏、肝脏都得到了不同程度的益处。

打哈欠会让人更清醒

科学家表示,事实上打哈欠并不是睡眠的预兆,它的原意是让你更清醒。打哈欠时吸入的空气降低了鼻腔内血管的温度,从而将温度变低的血液输送到大脑,而大脑在低温的刺激下能够保持清醒的状态和良好的运作功能,提高工作效率。利用鼻子呼吸的人,打哈欠的可能性较小,这是因为在他们呼吸的同时,鼻腔中的血管已被冷却。

打哈欠竟还有保健作用

研究表明,打哈欠还有以下作用:

第一,提神醒脑。打哈欠时,深沉悠长的吸气有利于更多的氧气进入肺部,到达血液,同时咽部肌群及面部几十块肌肉随之收缩,可驱动携氧的血

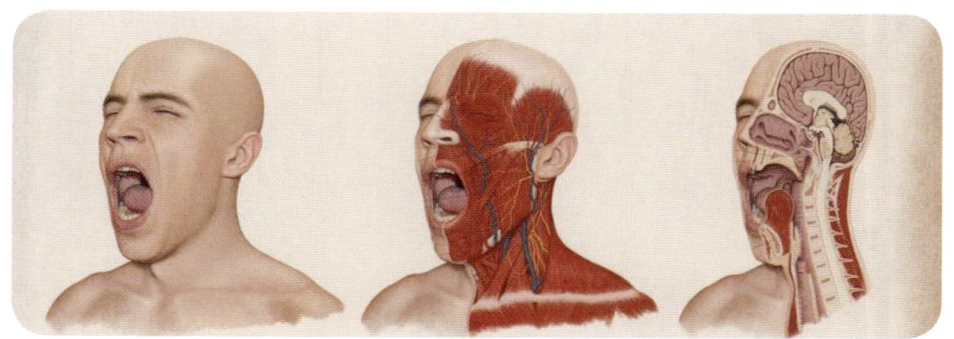
打哈欠带动面部、咽部肌肉收缩

液流向大脑，提高大脑的工作效率。

第二，增强咽肌收缩力。打哈欠时，嘴张得很大，咽壁中的悬雍垂肌、腭帆提肌和腭帆肌处于收缩状态，使软腭紧张和上提，并同咽上缩肌在咽腭肌协助下形成的突起相接触，增强咽肌的收缩力。因此，由于咽肌松弛导致鼾声如雷的人，可利用打哈欠恢复咽肌的收缩力。

第三，助睡眠。精神紧张导致难以入睡时，做哈欠操有助于松弛神经，进入梦乡。

第四，护眼。打哈欠还有助于放松眼部和喉部肌肉，促进眼部血液循环。

哈欠多还可能是某些疾病的征兆

临床发现，有70%～80%的缺血性脑中风病人，在发病前一周左右会因大脑缺血、缺氧而频频打哈欠。因此中老年人，尤其是当心脑血管疾病患者出现无原因的频繁打哈欠时，切不可掉以轻心，应及时去医院进行检查。

打哈欠虽然是一种原始的反射机制，但你想要主动打哈欠的话还是可以做到的。教你一个打哈欠的绝招：首先精神放松，而后取坐位或卧位，闭住嘴巴，用鼻子轻轻呼吸几次，再张口呼吸，一个个哈欠便会很自然地打出来。不信你可以试试看。

10 为了研究长寿的秘密,科学家也是拼了

▶ 作者:韩飞(中国科学院上海生命科学研究院植物生理生态研究所)

当我们说起"长寿基因"时,我们会说些什么?

简单地说,活得比人均预期寿命长就算长寿,所以,中国人长寿的标准是活过 76.34 岁,这是 2016 年官方公布的人均预期寿命。

韩国人的这一数据要高得多。韩国政策中心 2015 年的报告称,2030 年韩国女性预期寿命将高达 87.7 岁。但帝国理工学院与世界卫生组织于 2017 年发表在顶尖医学期刊《柳叶刀》上的研究报告说,韩国人这一次谦虚了,2030 年该国女性预期寿命将超过 90 岁,居世界第一。

然而,90 岁对许多人来说还是太短,自古帝王就盼望能够长生不老。人们觉得,如果在 120 岁的时候还可以像年轻人一样有活力,就更棒了。

但科学家发现,人体细胞好像安装了定时器,到了时间便会衰老、退化,以至死亡。就好像一个工厂按部就班地生产若干年后,忽然开始关闭一条条生产线、一个个车间,最后居然"自爆"了。

这些组成人体的细胞,其一举一动都被基因操控着。而人体一共有 2 万多个基因,其中可以保护好细胞工厂或者延缓它"自我爆破"的,应该算作"长寿基因"。

遵循这个标准，科学家开始了"长寿基因"的漫漫海选之路。

1912 年，诺贝尔生理学或医学奖得主法国人卡雷尔坚定地认为，人体所有的细胞都有永生能力，

端粒酶基因：实现细胞永生的关键

只要外界环境合适，就能无限分裂增殖下去。

但是，在 38 年后，美国人海佛列克发现，卡雷尔大错特错。

人类细胞即使在最理想的外界环境中也只能分裂大约 60 次，然后就衰老死去，后人称之为"海佛列克极限"。

什么决定了"海佛列克极限"呢？1975 年，美国人伊丽莎白·布莱克发现答案是端粒，一种存在于人类染色体末端，同样也是由 DNA 组成的结构。

细胞寿命是有限的，为了延续下去，它必须在死亡之前复制出一个新的自己，但端粒却每复制一次就缩短一点，从而损失了一小段记作"TTAGGG"的 DNA，这被称为"末端复制难题"。

再加上外界的紫外线、尼古丁、有机染料等有害刺激，染色体越来越不稳定，最终彻底崩盘。

如果把"TTAGGG"补到端粒末端，就可以维持端粒的长度了吗？

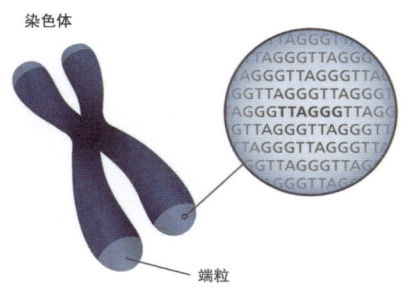
把"TTAGGG"补充到端粒末端

布莱克也是这样想的，而且她发现大自然确实也是这样设计的：一种叫端粒酶的蛋白质可以通过精妙的机制合成出一段新的"TTAGGG"，补充到端粒末端。布莱克凭此成就获得 2009 年诺贝尔生理学或医学奖。

于是科学家猜想，是不是可以利用端粒酶，让人类细胞永远活下去呢？

可惜，90%的癌细胞也是这样想的，它们邪恶地利用了端粒酶，通过反复激活它的活性，让自己无休止地分裂下去，最终形成可扩散的恶性肿瘤。

看来这条路不好走，人们用小白鼠做实验后发现，提高端粒酶 TERT 基因的表达确实可以延长它们的生命，但也大大增加了患癌症的风险。

SIRT6基因：尝试重建新的细胞工厂

旧细胞工厂的"倒闭"看来是不可避免的了，那么是否可以多造一些充满活力的新厂房呢？

比如，造血干细胞是负责造血的，如果某基因可以让造血干细胞稳定造血，使新鲜血液源源不断地注入人体，那么它是不是也应该算"长寿基因"呢？

科学家很早就锁定了 SIRT6 基因，它来自 Sirtuin 家族，该家族一共有七个成员，个个都有长寿基因的潜质。科学家发现，如果把 SIRT6 基因敲掉，小鼠就会早衰，寿命从 2~3 年锐减到 1~2 个月。反过来，如果让 SIRT6 基因过量表达，小鼠的寿命就可以延长 20%~30%。

但在人类身上就没办法做类似的实验了，直到 2017 年，科学家还只能在外源培养的人间充质干细胞上做实验。然而值得高兴的是，科学家发现，由于 SIRT6 基因的缺失，人间充质干细胞也在加速衰老。

但是，SIRT6 基因更像是一把双刃剑，它虽然能抑制癌变，但会促进皮肤癌的发展。这就使科学家更不敢直接在人体上做 SIRT6 基因的寿命实验了。

这时，与 SIRT6 基因来自同一家族的另一个成员——SIRT1 基因登场了。

SIRT1基因：可以被激活的"长寿基因"

我们都知道，负责细胞工厂"能源供应"的是线粒体，这种细胞器是细胞工厂极其重要的、不可或缺的一部分。而SIRT1基因可以保护线粒体，那么，激活它是不是可以使人长寿呢？

不同于SIRT6基因，安全激活SIRT1基因的办法早就有了——白藜芦醇可以帮助激活SIRT1基因。

哈佛医学院的科学家用白藜芦醇喂小白鼠，结果发现鼠"寿"延年。继续用它在酵母菌、线虫、果蝇中做实验，也得到了类似的结果。这可以说明，被白藜芦醇激活的SIRT1基因确实有益于长寿，还能让机体免受肥胖和衰老的影响。

这批科学家马上成立了Sirtris制药公司，希望制造出类似白藜芦醇或比白藜芦醇效果更好的长寿药物。毕竟，白藜芦醇虽然可以在葡萄皮、花生和浆果中找到，但含量还是太少。

还有没有更多类似SIRT1的延寿基因呢？

bcat-1基因：限制它的活动就能延寿

苏黎世联邦理工学院和耶拿财团干脆采取"基因海"战术，在自然界大规模地筛选基因。他们找了三种典型生物——线虫、斑马鱼和老鼠，一共检测了它们的4万个基因。

科学家假定，与长寿有关的基因应该在年轻时很活跃，在年老时很低调，活跃或低调的标准就看基因的副本多不多，这可以用统计模型计算出来。

统计模型表明，三种生物有30个共同的基因可能对寿命长短有影响。科学家挨个细致地检验了一遍，结果发现，有12个基因可以延长线虫5％的寿命，通过限制其中一个叫作bcat-1的基因的活动，竟然延长了线虫25％的

寿命，而且线虫活得更健康。

人体内也有 bcat-1 的同源基因，科学家相信它也是人类的长寿基因。

有意思的是，bcat-1 基因在人体内的作用是减少支链氨基酸的累积，那么多吃些支链氨基酸是不是就可以延长寿命呢？可惜人体实验不好做，确定性的结果还没有。

科学家希望搞清楚的是，限制 bcat-1 基因的活动，或者增加支链氨基酸（主要是亮氨酸、异亮氨酸和缬氨酸）的摄入，是不是可以既活得长寿，又一直保持健康呢？弄清楚这个问题很重要！

APOE e4基因：长寿，是要付出代价的

有些人并不想长寿，因为机体老去后各项机能衰退，各种老年病缠身，痛不欲生。

比如，阿尔茨海默症让病人丧失了记忆力和认知能力，吃喝拉撒都不能自理，即使活到 120 岁也毫无质量和尊严可言。

为什么长寿往往伴随着这些老年病呢？

美国人凯莱布·芬奇提出一个假说：人类祖先之所以比其他灵长类动物（如近亲黑猩猩）更长寿，在于人类祖先摄入大量肉食，进化出了对抗肉食中病原体的免疫机制。这些免疫机制保证了人类祖先的寿命［大约40岁，是黑猩猩寿命（13岁）的3倍］，但这也让人类祖先付出了巨大的代价——更容易得老年病。

免疫机制的原理是消灭异己，办法是各种各样的，炎症反应就是其中一种。炎症反应包括发热、肿胀和疼痛。发热让细菌无法正常繁殖；肿胀是因为组织液增多，把受伤区域与健康组织隔离开来；疼痛则让人注意保护自身。但反复的炎症反应会大大增加癌症以及其他疾病发生的概率。

芬奇用动脉粥样硬化举例：慢性感染和炎症导致血管壁形成了微小伤口，

后者在愈合的过程中产生了动脉斑块堆积，久而久之堵塞了血管，导致疾病。

APOE e4 就是这样一个基因，它在生命早期强化了炎症反应，成功地打退了细菌的进攻，但在生命晚期，它却会让机体付出沉重的代价。

多管齐下，延寿效果是否加倍

正如我们一开始提到的，凡有益于寿命延长的基因，都可称为长寿基因。科学家也想过，如果同时改变两个潜在的长寿基因，延寿效果是不是就能加倍呢？

依旧拿线虫做实验。科学家发现，改变线虫的雷帕霉素标靶（TOR）通道，可以延长线虫30%的寿命，改变胰岛素信号通道则可以延长其100%的寿命，把两者结合起来操作，延长了线虫130%的寿命。

开心点！保持良好的情绪对健康和寿命的影响也很大哦

科学家真不怕折腾！不过这也可以看出人类对于长寿的渴望是多么强烈，并且人们想要的是既长寿又健康。科学家和制药巨头们一定会继续走下去，先定一个小目标：让人类预期寿命突破 120 岁。

不过必须说明一点，长寿只是结果，而促成长寿的原因，一部分是基因因素，一部分是后天环境因素。

目前来看，长寿基因指的是一大类基因，它们参与了至少五大类信号通道，且对长寿的决定占比为 25%，60 岁之后占比则更高。

在我们还做不到删除坏基因、添置一些长寿基因的条件下，想长寿就只能改变自己的生活方式，比如不吸烟、不熬夜、不吃撑以限制热量摄入等，健康的生活方式才能实实在在地延年益寿。

11 脑电波能让你拥有读心术、意念控制术吗

作者：韩飞（中国科学院上海生命科学研究院植物生理生态研究所）

电影《X战警》中的X教授有以下几项"超能力"：

一是无需肢体接触就能读取别人的思想，即"读心术"；二是在一定半径范围内，能在人脑中制造幻想，即"思想传输"；三是能借助脑电波强化机，控制任何人的大脑，即"摄心术"。

目前，脑科学家和人工智能专家已经把X教授的前两项"超能力"变成了现实。虽然效果上差了许多，但意义重大。

这些"超能力"主要是通过脑电波实现的，具体怎么做，让我们从头说起。

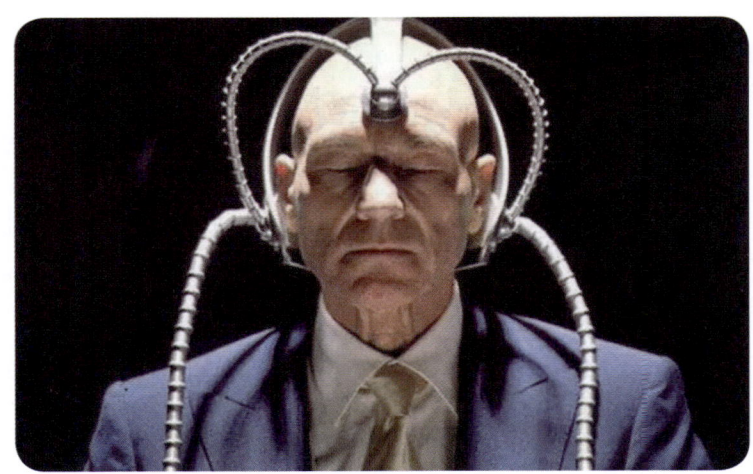

电影《X战警》截图

人类的交流

人类主要靠语言交流思想，这是一种非常高级、有效的交流方式。

文字则是另一大发明，它让人类可以把思想传递下去。

但两者有共同的缺点：信息传送时往往牺牲了准确度。

非洲的一些部落仍在使用鼓语

"我口言我心，我手写我心"，对大多数人来说是极难的。特别是交流比较抽象的思想，或者更细腻的思想，比如："我现在的感觉，就像是在下过雪的午后，跟暗恋的姑娘并排走在田野上，眼望着周围慢慢化掉的雪，脸上吹来一阵凉凉的但没有那么冷的风的那种感觉。"

结果，人们既难以用语言来表达内心深处最真实而细腻的思想，也很难听懂别人讲述的最细腻而真实的想法。

为了便于交流，非洲的一些部落迄今仍在广泛使用鼓语。

有事要宣布，或者喊孩子的爸爸回家吃饭，或者生了一个大胖小子，都可以操起手鼓，成套大段地"说"起来。

由于鼓能发出的音调实在有限，必须敲击出大量限定词才能表达一个超简单的意思。比如"你别瞎操心了"，用鼓语敲击出来就成了"把你的心从嗓子眼放回原处吧，你的心已经提到了嗓子眼了，现在把它放回原处吧"。

有意思的是，部落的人都能听懂：噢，就是让我别瞎操心的意思。

这种通过信息冗余来修正信息准确度的方法很管用。要知道，信息是不确定性的量度，而冗余消灭了不确定性，那就是有价值的。

所以，有的人啰唆，部分原因是他的表达能力欠缺，或者表达的思想太

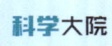

过复杂,没有办法删繁就简、深入浅出,只能通过信息冗余来帮忙。至于大师一语道破真谛、一字点透苍生,那都是大本领,一般人很难做到。

如果不用说、不用写,只需想一想,对方就能知道我的意思,那就太棒啦。

脑电波的发现

通过脑电波,就能读心。

想象一下,你看见霞光、听见狮吼、闻见茉莉花香、用手指抚摸恋人的额头,这些动作要在大脑中产生"知觉",必须先转变成电信号,然后"电火花"沿着长长的神经纤维,一路传递到神经中枢。

黑暗森林一般密布的神经纤维上,"电火花"此起彼伏,整个大脑皮质就像充满闪电的天空。支持你现在想象的,就是其中的一束"闪电'。如果你"看见"了这一切并感到愉悦,那么在你的大脑海马体的灰白质区域,也会冉冉升起一簇"电火花",然后转瞬即逝。

最早发现大脑电活动的,是英国利物浦皇家医院一个名叫凯顿的年轻人。1875 年,他在黑猩猩和狗的大脑上都检测到"电火花"运动。小伙子很兴奋,写了一篇题为《脑灰质电现象之研究》的论文,但可惜没人理睬他。

直到半个多世纪后,1929 年,德国人伯杰才真正检测到人类的脑电波,并制作了第一张人脑脑电波图。

这时科学家发现,原来脑电波就是一种非常弱的生物电,可以把它理解成大脑的电器性震动,这些震动的频率主要在每秒 1～30 次。

脑电波此起彼伏,信号非常非常多,科学家想:把你们分成几大类吧,这项工作很容易。于是,根据每秒钟震动次数的多少,成年人的脑电波被分成了五大类。

有意思的是,脑电波的种类随着人的身体状态和生理年龄变化不一。

比如，δ 波（1～4 Hz）对应深度睡眠状态，婴儿或醉酒的成年人的大脑中也有这种波。θ 波（4～8 Hz）则对应放空冥想状态，青少年以及受挫折或抑郁的成年人大脑中，主要是这种波。α 波（8～12 Hz）对应平静放松的状态，是正常人脑电波的基本节律。β 波（12～25 Hz）对应思考和解决问题的状态。γ 波（>25 Hz）则对应一些病理状态。

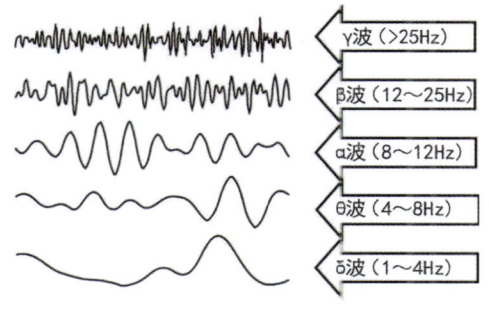

脑电波的种类

一个很奇怪的发现是，人死亡后脑电波仍会存在一小段时间。以前的研究者认为这个时间在一分钟左右，主要是类似深度睡眠时的 δ 波，但 2018 年加拿大的医生发现一名患者在被宣布死亡并撤去生命维持系统后，脑电波仍存在了 10 分 38 秒。

脑电波的采集

采集脑电波很简单，在头皮上放一个金属电极，可以再加一个放大器，也可以把微电极植入颅骨内部。目前市面上的商用采集器已可以做得小巧且美观了，但问题是信息噪声太严重了。

人类大脑大约有 860 亿个神经元，它们在活动时对外发射的脑电波会有多嘈杂可想而知。而且，脑电波引起的电压变化是微伏数量级的，非常容易受干扰，特别是入门级的商用感应器，头发长了不行，妆化厚了不行，手机不小心从旁边晃一下也不行……

所以，在一些偏临床科研和医疗应用方面，科学家更倾向于用核磁共振来代替脑电波，或者将两者结合起来对大脑进行观察和研究，比如监控睡眠，诊断癫痫、脑中风、脑炎或脑瘤等。

但在某些方面，脑电波还是有用武之地的。

比如，通信专家早已尝试把脑电波用于生物识别，北京邮电大学的专家团队多年来一直在研究这个课题。

脑电波的应用

而人工智能专家最关心两方面的应用：

一是把脑电波的复杂波形转换成数字，并解读、传输其中的信息，使读心术与思想传输成为现实。

二是用转换来的数字信号控制一些电子设备。

第一个方面的应用实现难度很大，主要是脑电波很难被"破解"，假如它真的存在某种算法的话。所以，目前对脑电波的解码，使用的是一种类似匹配算法的方法。

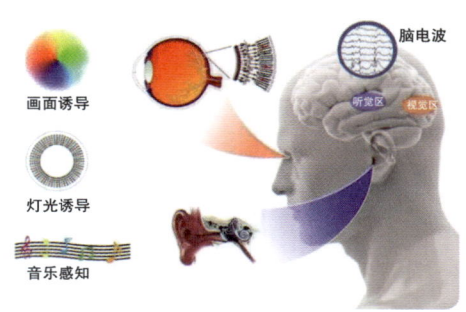

脑电波转换

2010年，美国犹他大学的实验团队往被试者颅骨下植入16个微小电极，让被试者重复阅读10个单词，研究人员把对应的脑电波分别记下来，然后找出每个单词对应的脑电波。等匹配工作完成后，研究人员面对某个单一信号，就可以猜出被试者读的是什么单词了，准确率在76%～90%，但当研究人员同时面对10个脑信号时，猜测的准确率就骤降到了28%左右。

2013年，美国华盛顿大学的实验团队还成功地在两个志愿者之间传输了一些简单的脑电波信号，使两人共同完成了一款单人射击游戏。

文娱方面，2011年，日本Neurowear公司开发上市了一款基于脑电波的可穿戴产品，叫"猫耳朵"。通过感应器扫描脑电波信号，它可以把信息传递到终端，于是"猫耳朵"便会在佩戴者精神集中时竖起来，在佩戴者精神放松时耷拉下来。2015年，优衣库推出了一项名为UMood的黑科技。消费者坐在正对大屏幕的椅子上并佩戴设备，便可在仪器的帮助下找到自己最喜欢的衣服。

同一年，脸书创始人扎克伯格决定成立一个神秘的硬件研发部门，专注研究不需要植入电极的人脑—电脑交互技术，目的就是希望有一天，"当你思考某件事时，如果你愿意，你的朋友立即就能知道你的想法，同你产生心灵感应"，并称这才是终极的沟通技术。

第二个方面即意念控制，其应用相对简单，实验室和VR/AR市场上的产品都非常多。

2007年，美国罗德岛布朗大学的实验团队往一名高位截瘫患者的大脑内植入了一块电子芯片。经过刻苦训练后，该患者的思想可以被译成数字信号，这些数字信号可向设备发出指令。最终，该患者可以轻松地用意念收发邮件、玩游戏、换电视频道等。

2015年，美国加州大学的医生给一名28岁的已瘫痪5年的男子设计了一项可捕捉脑电波的帽子，让计算机程序把他的脑电波破解，分离出控制腿部活动的部分，然后把信号发送出去，让相应仪器刺激腿部肌肉，这样他就能"行走"了。

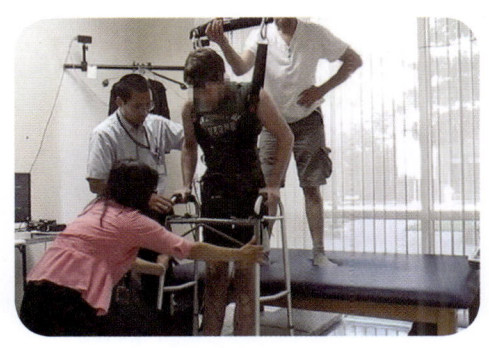

美国加州大学的医生设计了一项可捕捉脑电波的帽子

电影《奇异博士》中也有类似的情节：一名蓝领瘫痪后，纯靠意念重新恢复了正常行动能力，甚至可以打篮球、一对一斗牛。

我国某大学的脑机协同信息处理实验中，佩戴脑电帽的被试者可以凭"意念"指挥桌子上的机器人，使其做出向左、向右、转头、走路和抓取等动作。

其他应用还有脑意念球、脑控直升机等，其原理都很初级：人的大脑对信号处理器来说，就是一个可以发出"上下、左右、旋转、跳跃"指令的游戏手柄，一切"意念操控"都是建立在这几个简单操作的组合之上的。

佩戴脑电帽的被试者指挥机器人

总之，脑电波的处理技术一旦成熟，其应用范围是非常广泛的。想象一下未来吧：

朋友在卢浮宫旅行，忽然看到一幅枫林白露的油画，激动之余很想与你分享一下她的感受。只要你愿意，你就能接收对方的思想，噢，原来是如此这般，这般如此。甚至，有一天人类的记忆和思想可以像文字一样被储存起来，未来人们便能感受到过去的世界竟如此精彩！

12 如何提高记忆力

作者：吴建永（美国乔治城大学医学院神经科学系）

在许多科幻电影中，主人公通过某种药物可以获得超凡的记忆力等各种超能力

很多人抱怨自己的记性差，羡慕身边那些过目不忘的人。以前，年纪在四五十岁就算是老年了，记性差点也就认命了；而现在，六七十岁还算"中年"。在这种情况下，记忆力减退就让很多人担忧了。据专家预测，到2150年，人的平均寿命将达到95岁，记忆力衰退将是老龄化社会的一大问题。

大脑中大多数神经细胞不会再生，因此保存在神经网络中的记忆肯定会随着年龄的增长而减少。那么，能不能利用技术使记忆力显著提高呢？

答案是肯定的，而且你已经感觉到了。智能手机每天跟着你，记录下大量的照片、视频和语音。利用这些信息，人们可以把早已忘得干干净净的记忆找回来。可是，这种"记忆"使用起来总觉得不那么方便，如果记性差到连照片都想不起来，那该怎么办？

下面要讨论的就是记忆力的"增强版"，真正的超级好记性。为了讨论方便，先科普一下人的记忆。

人脑记忆的分类

人的记忆分为显性记忆和隐性记忆两大类。

显性记忆就是能用语言表达的记忆，又分为陈述型记忆和事件记忆。陈述型记忆主要是知识，比如你背诵的唐诗。事件记忆主要是经历，比如前天你早饭吃的是什么。

隐性记忆主要是程序型记忆，比如学会的骑车、滑雪、跳舞这些连续动作以及熟练掌握的母语等。隐性记忆一旦形成就可以终生稳定，所以如果你在小时候学会了骑车，即使日后多年不骑车，只要一接触自行车还是马上能骑。

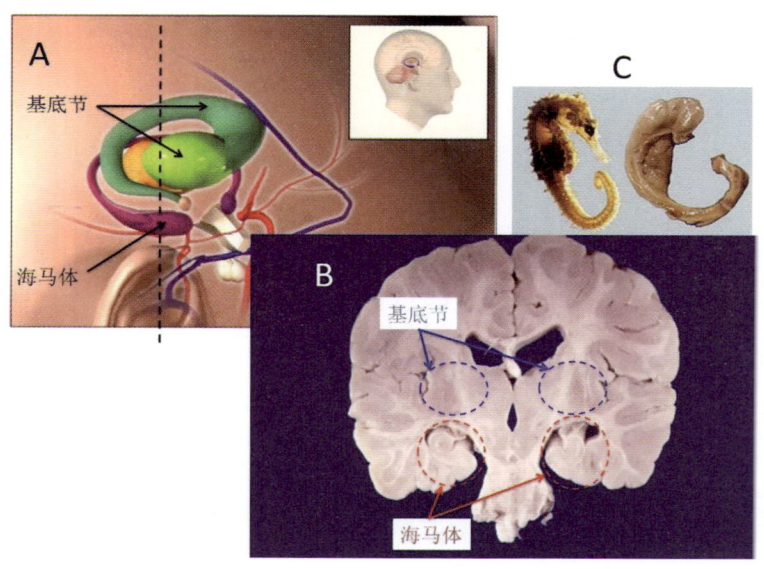

显性记忆和隐性记忆在大脑中的关键节点。图A：显性记忆的关键节点是海马体，隐性记忆的关键节点是基底节，右上角插图标示的是海马体和基底节在大脑中的位置。图B：人脑标本的冠状切面（即两耳之间的切面，平面的位置由图A中的虚线标示）。海马体和基底节与大脑皮质形成高度互动的网络，把记忆储存下来（大脑皮质即图B中的大脑外圈，颜色比较深的那层）。图C：人脑海马体（右）与海马（左）相比较，体积、形状都相似举一反三，复习一下：当你在广场上跳广场舞时，用的是程序型记忆；休息的时候和昨天刚认识的大妈打招呼，用的是事件记忆；而进一步和大妈套近乎，讲解股市"K线"，用的是陈述型记忆。

如何减缓记忆衰退

大脑随着年龄的增长而不断衰退，脑力和体力锻炼是减缓记忆衰退的有效方法。

脑力锻炼主要靠多动脑，学习有挑战性的新知识。在老年大学学习和参加公益活动都是极好的脑力锻炼方式。

虽然大脑中大多数神经细胞是不能再生的，死一个少一个，但记忆存储在神经细胞之间的连接点上，一个神经细胞与其他神经细胞之间有几千个连接点，因此，当一个神经细胞死亡，是不会丢失一段记忆的，但会由于相关节点的丢失而导致记忆减弱、模糊。

而脑力锻炼可以不断活跃与记忆有关的神经网络，强化原有的连接点并创造新的连接点，刷新由于神经细胞死亡而造成的记忆损失。衰退是持续渐进的，而锻炼也是持续渐进的补偿过程。很多研究认为变老不是被动的，而是退化与对抗退化不断博弈的主动过程，与幼儿的发育、病后恢复非常相似，只不过发生在不同的年龄段。

海马体中神经细胞的局部特写：小球为神经细胞体，拖着的尾巴是神经纤维。左上方的细线是来自其他神经细胞的纤维。神经细胞通过纤维与其他神经细胞进行广泛联系。海马体中有些神经细胞与几百万个其他细胞相连。记忆就储存在细胞之间相互联系的连接点（突触）上

体育锻炼与脑力锻炼同样重要,主要体现在以下三个方面:

一是保持身体健康,避免高血压、高血脂、高血糖等疾病。心血管健康,大脑受益。大脑享受全身20%的供血。大脑中每根血管都负责一个重要脑结构的功能,不管哪根血管堵塞都会造成严重后果。

二是改善心理健康。人的情绪是靠大脑皮质下的神经结构控制的。这些神经结构控制人的兴奋、幸福和沮丧等感觉。人老后,某些神经回路难免会"搭错线",产生一些极端情绪。极端情绪会使某些激素异常释放,直接破坏记忆的形成。同时它也会抑制免疫系统和身体修复的功能,加速机体衰老。运动可以有效地让人从这些短路的死胡同里绕出来。

三是运动对增强记忆力有直接作用。运动可以增加大脑中掌管显性记忆的关键结构——海马体的血流量和体积。经常运动者的学习和记忆能力明显超过不运动者。海马体直接处理事件记忆,户外运动时,海马体必须一丝不苟地工作,否则就会找不到家。由此,海马体能得到明显的锻炼。另外,肌肉在运动时会释放一种叫作 cathepsin B 的蛋白分子,它可以促进海马体分泌更多的神经营养因子,从而提高记忆能力。

需要注意的是,程序型记忆虽然是终生不忘的,但用年轻时的程序型记忆指挥老年时的肌肉却可能会出问题。

因为程序型记忆存储的是肌肉收缩的时间顺序和强度,当肌肉关节衰退后,原来的运动定式就可能造成错误,出现类似摔倒的事故。高龄老人死亡率最高的原因不是心血管疾病,不是癌症,而是摔倒后因骨折造成的卧床。卧床对人的健康是巨大的打击,因为站立需要调动大量肌肉参与活动,心血管需要根据姿态不同不断地调节血压。宇航员在太空中的无重力环境下与卧床相似,即使是年轻人在这样的条件下过几天,也会出现站不稳、肌肉退化、骨骼中的钙大量流失等现象。

因此,持续的活动对防止老人跌倒、保持其独立生活的能力是非常重要的。

记忆与睡眠

目前，神经科学流行的一种说法是"记忆两步论"：显性记忆需要通过睡眠来巩固。

第一步发生在白天，人的大脑不断处理信息，把一部分日常经历的事件随机记录下来。一天下来，脑内很多部分（比如海马体）就储存满了，需要通过睡眠来擦除大部分无用的记忆并巩固有用的部分。

第二步发生在夜间睡眠期间，海马体会不断地与大脑皮质共同活动，回放白天的记忆并记住其中一部分。我们都有这样的经验：一觉醒来觉得昨天发生的很多事件被捋顺，记得更清楚了。这展示了睡眠对记忆的作用。

人在夜间的睡眠有几个循环，每个循环约90分钟。先是浅睡（睡眠一期和二期），几十分钟后进入深睡（睡眠三期），最后是梦境（快速眼动期），如此循环几次。老年人睡眠时间减少，主要是深睡的第三期变短，而损失的睡眠三期正是巩固记忆的"黄金睡眠"期。

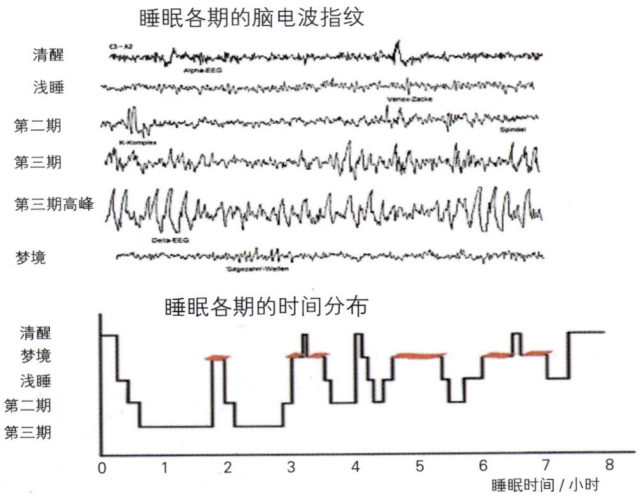

一夜睡眠的时相和分期。上图：睡眠分期的脑电波指纹。睡前闭眼但清醒时脑电波是8～12赫兹的α波。进入第一期浅睡后，脑电波变慢（θ波）。睡眠加深到第二期时，有偶尔的高波和纺锤波。深睡（第三期）以高幅度、低频率的慢波脑电为主。梦境时脑电波与清醒时相似。下图：睡眠各期在一夜间的循环。第一个小时从浅睡、第二期到第三期之后出现梦境。然后进入第二期、第三期。这个循环在一夜中出现几次。

有一个著名的实验，让一群年轻的哈佛学生在一天里变为记忆很差的老人：首先，让这些学生在睡眠实验室里睡觉，实时监测他们的脑电波信号。当第三期慢波睡眠的脑电波指纹出现时，实验人员就摇晃床，把三期睡眠破坏成浅睡。如此一夜几次晃床，虽然总睡眠时间没变，但第二天测试时，结果却十分惊人——年轻聪明的哈佛学生竟然变成了老年大学的学生，他们的逻辑能力和显性记忆水平都大大下降。而学生自己却一点没有睡眠不佳的感觉。不过，该实验的效果是短时的，只要第二天不干扰三期睡眠，聪明的哈佛学生还是聪明的哈佛学生。这个实验说明了睡眠对记忆的重要性。

除了影响记忆，缺乏睡眠还有害健康。一夜失眠就会使血压升高，血糖和血液中的应急激素增加，并抑制免疫系统。良好睡眠的重要性超过一切体育和脑力锻炼。因此，任何年龄段的人都要尽一切努力来保证充足的睡眠。体育运动和规律生活可以帮助睡眠，因此中老年人为了拥有足够的高质量睡眠，也需要足够强度的体育锻炼。

技术让记忆力提高

说到如何用技术让记忆力提高，我们需要的不是在大脑里面插电线的粗鲁做法，而是让技术围着人转。

记忆的形成过程是神经科学的热门研究领域，目前虽然还有很多基本问题没搞清楚，但许多证据表明，人的记忆不像在计算机硬盘上存照片一样，写一次就永久存留；与之相反，长时记忆的形成必须靠睡眠中的回放。而长时记忆形成后需要在生活中不断地回想，然后根据回想再记入。

利用这个生理特性，技术就有

我们常用手机在日常生活中拍照。这些照片对回忆起当时的情景有很大帮助

了切入点：影像、声音和文字可以帮助场景回放，也就不断地刷新了储存于神经细胞间连接点的记忆。这和人在回忆时主动刷新记忆的过程是一样的。

人们通过智能手机等设备拍摄了越来越多的照片。翻一翻过去的照片，可以让人回想起很多过去经历的细节，如果不看照片，其中大部分细节是永远不可能再回想起来的。

在不久的将来，米粒大小的无线照相机可以在眼镜、帽子或衣领上自动地定时捕捉个人和周围环境的照片，使个人拥有的照片数量增加到每秒几百张，个人的全部视觉经历将被完整地记录下来。同样，其他无线传感器可以随时把人的声音、动作、速度和地理位置等信息存储起来。每件衣服、每个物件上都有多个"一次性"相机和其他传感器。可以说，当你穿戴上这些设备，你的人生就被完整地记录了。

如此海量的图像和信息对个人来说难以掌握，但掌握信息正是人工智能和数据库技术的强项。

现有技术已经能在人脸识别方面远超人类，对语言的理解能力也能与人类不相上下。照片中所有的人脸可以被联系起来并进行索引，从对话中可以分析出关键字、概念串和语气指纹等。同样地，从其他视听信息中可以提取出各种信息，如从背景音乐中提取出乐曲名字、乐队演出的艺术特征指纹以及播放系统的音频指纹等信息。

这些图像、声音和文字等信息可被快速索引，由"个人记忆系统"分析整理，并按需进行场景回放。其结果是使人"过目不忘"，记住每个见过面的人、每个到过的地方、每个经历过的事件、每句交谈过的话。每当你遇见只见过一面的人却又记不清楚时，智能手机会在你耳边告诉你上次在哪里见过他，谈过什么，甚至于这个人的姓名、职务等，让你消除似曾相识的尴尬。

在人的衰老进程中，脑细胞和神经线路被持续地损伤，海马体损伤是老年失智的主要原因。

这个记忆关键点的退化使记忆逐渐变得模糊而难以回想。但技术可以帮助人们建立一个外挂的"人工海马体",使人们不断地刷新淡忘的记忆,把远期记忆从部分损坏的神经线路中提取出来,加工修复后再存进相对完好的新线路中,避免前面提到的那种记忆差到连照片都想不起来的永久性信息损失。

这种记忆的"拐棍"有远远超过人类自然记忆的容量和提取能力,让老年人和年轻人的记忆能力不再有差别,甚至让老年人在记忆方面更有优势,因为他们有更大的个人记忆库。

社会为人们主持公道

当然,把个人的经历全部记录下来可能会带来非常可怕的社会灾难。

商家和骗子会利用这个技术牟利。比如入侵个人记忆系统,通过篡改数据,在回放中给人洗脑,形成虚伪的记忆,灌输诸如"XX牌面膜最好用"或"我的房子不是自己买的,而是租住的"之类的虚假概念。由于这些虚假概念是从真概念的场景回放中逐渐被篡改的,本人会对其深信不疑。

电影《最终剪辑》为我们展示了记忆私有性与人类窥私欲碰撞时的灾难性结果。好莱坞的担心不是空穴来风,未来的大利益集团一定会利用个人记忆增强系统来牟利。而那时个人的选择可能是要么放弃真实记忆,要么放弃"超级好记忆"

这时,只能靠社会为广大受害人主持公道。社会公信不是靠空洞的文件来维持的,而是靠社会级的大计算机网络。每个人的个人经历会在多个人的经历中相互印证,形成证据链。社会级的大计算机网络通过对大量的个人记录系统进行综合分析，能够比较容易地找出被篡改的、不合逻辑的地方，自动对受到侵害的个人发出警报，自动监测从而打击骗子商家。

可以想象，在不久的未来，人的记忆主要存在于芯片中，芯片中的信息量级可以轻易地超过人脑容量的万倍。图像和信息一经记录就被永久留存，并能通过不断回放刷新原来储存在脑中的记忆。

随着科技的进步，场景回放将不再通过眼睛、耳朵和皮肤，而是通过芯片和神经细胞之间的电线。这些设想符合神经系统的生理结构和工作原理，相当于给人脑加装了比天然的海马体和新皮质能力强万倍的记忆回放系统。

老龄化给社会、技术都带来了压力，中老年人的心头更是压了一块石头。按 21 世纪的生活方式，一个老人至少需要一个青年劳动力来照顾。当老龄化社会的老年人超过青年人时，社会上的全部劳动力都去当护工也不够。但是，危机总会带来更大的机遇，给技术发展带来空间。依靠基础研究对人类生理和神经系统的不断认识，老龄化社会将不再是一个只能被动应对的难题。

工业革命能造出力量超出肌肉能力百万倍的机器，信息革命当然也能造出帮助人们显著提高记忆力的机器，从这个角度来讲，前景是非常乐观的。

材料

PART 3

PART 3
材料

13 若用这种材料，汽车也会被风吹起来

作者：邓浩然（西安理工大学）

设想一下，在未来的一天，当城市里刮起大风的时候，天上不仅有随风飞舞的树叶、小纸屑和尘土等，甚至还有汽车，它们像气球一样自由飞翔。

可能很多人觉得不可思议，汽车怎么会被风吹起来？但如果说这些车辆的大部分构件都是由金属泡沫材料制成的，那么以上所描述的场景就真的有可能实现。这种神奇的材料究竟是何方神圣？听笔者慢慢道来。

金属泡沫材料：从"传统"向"新兴"的跨越

蜂窝就是典型的多孔形状

在新材料的探索与创新中，人们在材料的研发与选用上，似乎更钟爱高致密固体材料。这是因为人们长久以来都认为，致密材料具有强度大、刚度高等优异性能。

反观自然界，我们会发现，蜂窝、珊瑚等却是典型的多孔形状或泡沫化结构。这是否说明在一定条件下，泡沫材料也具有不输给高致密材料的优异性能呢？

随着科研工作的推进，答案是肯定的。以金属泡沫材料为例，其不仅具有高致密金属材料的优异性能，而且在某些方面甚至超过高致密金属材料。

金属泡沫材料是一种结构和功能一体化，并具有优异物理特性和良好机械性能的新型多用途工程材

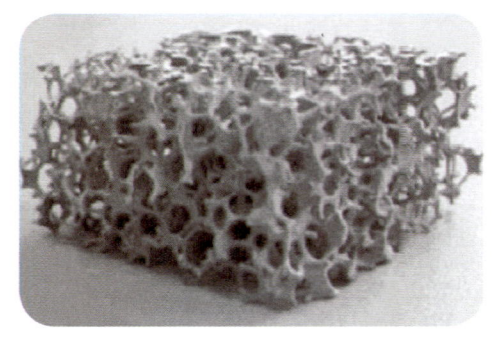

金属泡沫材料（泡沫化结构是实现材料轻量化的主要因素）

料。它具有低密度（是同体积金属密度的2%～60%）、高孔隙率、孔径大、比表面积大等结构特征。其优异性能主要有强度高、减震性能好、消声效果好、电磁屏蔽性能高、热电导率低、阻尼性好等，这使它在汽车、航空航天、船舶、生物、化工催化、电池极板等领域有着广泛的应用。

金属泡沫材料的发展历程

其实，金属泡沫材料的"年岁"已经不小了。

1948年，索斯尼克提出用气化汞制备金属泡沫铝合金。这标志着人类首次拥有了金属泡沫体的概念，打破了长久以来金属只有致密结构的传统理论。

1951年，埃利奥特采用熔体发泡法成功制造出泡沫铝。

1983年，G. J. 戴维斯发表的论文是金属泡沫系统化研究正式开始的标志，金属泡沫的研究也开始进入活跃期。

1988年，由L. J. 吉布森和M. F. 阿什比出版的《多孔固体——结构和性能》至今仍是多孔材料研究领域的重要著作。

1991年，日本九州工业研究所开发出泡沫铝工业化生产的工业流程。

2000年，M. F. 阿什比等人首次系统地总结了金属泡沫的制备方式、性

能与应用方向。

2000 年后，细微颗粒制备技术逐渐趋于成熟，金属泡沫研究也不断深化。

金属泡沫材料可以有多轻

2015 年，由美国深泉学院和美国纽约大学理工学院的研究人员共同研发的金属基复合泡沫材料，其密度只有 0.92 克/米³，完全可以漂浮在水面。

更厉害的是，这种材料在实现轻量化的同时还具有令人满意的强度，其单一球体壳在断裂前能够承受每平方厘米约 17240 牛顿的压力。

与传统的金属泡沫材料相比，金属基复合泡沫材料的优势在于，它可以在制备生产中自定义密度，在一定范围内控制孔洞的尺寸、形状和其他特性。

自 20 世纪 90 年代至今，中国科学院、东南大学、哈尔滨工业大学、东北大学、昆明理工大学、西安理工大学等机构与高校也开始将注意力转到金属泡沫研发领域，并取得了一定的科研成果。

例如，鉴于泡沫金属优异的热传输特性及其巨大的工业应用潜力，中国科学院工程热物理研究所在多孔介质传热传质方面进行了两方面的应用研究：

一是泡沫金属内热传输特性的研究，主要用于热交换、储热、强化换热等方面。目前已对泡沫金属内导热特性、气固传热特性及辐射传热特性进行了较为系统的模拟研究。

二是耦合化学反应的热质传递

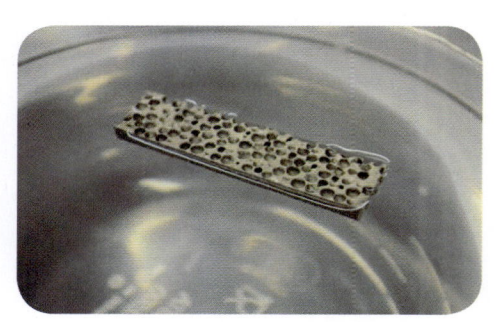

金属基复合泡沫材料

机理的研究,以及实现各种催化反应设备的设计,主要面向能源的热化学应用。目前是针对低温热能品位提升高效化学热泵内涉及的相关科学问题进行了研究,未来将进一步向其他能源热化学应用领域扩展。

金属泡沫材料的应用有哪些

金属泡沫材料具有强度高、轻量化、吸能性好、易加工、高渗透等特性。那么,我们可以将金属泡沫材料应用在哪些领域呢?

在汽车制造领域,金属泡沫材料的使用可以减轻汽车的质量,提高燃油效率,并利用它良好的吸能效果,在发生事故时最大限度地保证乘客的安全。

人们在实际生产中发现,汽车构件如顶盖板、底盖板、座椅、保险杠、前后纵梁等都可采用泡沫铝制造。例如,德国某汽车公司采用三明治式泡沫铝制造的顶盖板,比原来采用钢构件时的刚度提高了7倍左右,但质量却减轻了25%左右。

固然,车辆轻量化是目前的发展趋势,但并不是过度的轻量化,这是安全性与制造成本所不允许的,所以大家不必担心未来自己的车会真的被"吹上天"。

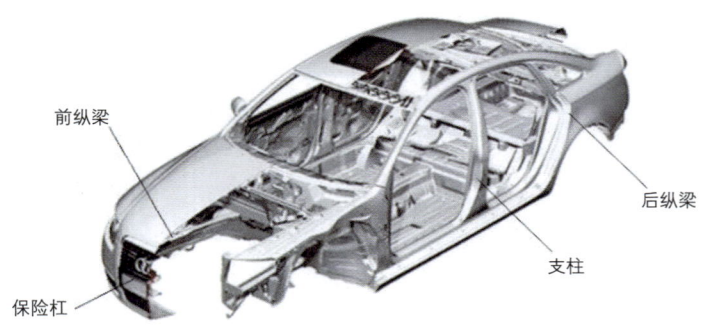

某品牌汽车的保险杠、前后纵梁、支柱均为金属泡沫材料制品

那么，为什么在实际工程应用中一般使用三明治板而不是直接使用金属泡沫材料呢？这是因为大多数情况下，单独使用金属泡沫材料还不能满足实际工程应用的要求。一般在车辆制造方面，有上、下两板面的三明治板具有更令人满意的刚度和强度，所以出于对结构与性能的实际考量，单独使用金属泡沫材料是行不通的。

在航空制造领域，金属泡沫材料可用于机翼的金属支撑体、飞机刚性支撑板等支撑结构，其优异的减震、吸能能力与良好的消声能力使它也可用作飞机引擎的辅助材料。

在生物材料领域，因为部分多孔材料与人体组织有良好

用三明治式金属泡沫材料制成的列车车身部件

的相容性，且对人体的无害性，所以可用于医疗领域。例如骨科中，用钛金属泡沫材料制成的人造骨骼，既有利于相应组织细胞的附着和生长，又具有很好的减震效果，在保证力学性能的同时又使替换部分的生物特性接近原有水平。

NASA对泡沫金属材料制备的飞机引擎消声衬垫进行消声效果测试

在电池材料领域，随着电动汽车的逐步市场化，质量轻、高比能、转化率高成为电池材料发展的关键。传统烧结多孔电极存在孔隙率较低、电极强度不够等问题，使用金属泡沫材料作为电极的结构材料，可以在很大程度上弥补烧结多孔电极的缺陷。轻量化、

三维网状金属多孔体催化器部件

高孔率的纤维基板与传统烧结基板相比，金属使用量降低50%左右，基板质量可以减轻10%左右，并且可以较大幅度地提高电池的能量密度。

在化工领域，可以利用金属泡沫材料的比表面积大、强度高、韧性好的特点，制造高效催化剂或者催化剂的载体。金属泡沫材料的催化剂可用于碳氢化物的深度氧化、乙醇的选择性氧化等化学反应。

在军事应用领域，金属泡沫材料可用于防弹衣、防弹插板等防护装备。美国北卡罗来纳州立大学阿弗萨内·拉贝里教授的团队通过试验证明：使用金属泡沫材料制成的防弹插板不仅可以抵挡住穿甲子弹的射入，甚至可以将弹体变成粉末。

除了用于防弹衣、防弹插板，金属泡沫材料还可用于军用船舶制造方面，作为船体或者潜艇的壳体。例如，美国海军朱姆沃尔特号驱逐舰便是第一艘使用金属复合泡沫船体的海军战舰。使用金属复合泡沫船体，既可以为舰体提供很高的强度和很好的抗冲击能力，又可以减轻舰体质量，还可以在一定程度上滤除敌方雷达的电磁波，增强舰艇隐身的效果。使用金属泡沫材料制成的夹心壳体可以使潜艇的壳体强度提高3~5倍，大幅度提升下潜深度，提高潜艇的隐蔽性能。

朱姆沃尔特号驱逐舰（首舰于2016年10月15日服役）

金属泡沫材料的发展趋势

金属泡沫材料问世近 70 年来,因其兼顾结构材料与性能材料的特性,而逐渐引起世界各国的重视。随着金属泡沫生产工艺的不断创新与完善,它在国内外的基础工业领域与高技术领域正得到越来越广泛的应用。

未来,金属泡沫材料在组成上将从单一金属逐渐向多种金属和金属/非金属复合发展,实现材料功能的多元化,基体也从低熔点金属逐渐向高熔点金属转变。

在结构方面,金属泡沫材料由不规则构型向可控规则构型发展,对该材料的研究也逐渐从单学科研究向多学科交叉领域研究过渡,以更好、更快地发掘金属泡沫材料在高技术领域的发展潜能。而在市场化方面,金属泡沫材料在工艺上将逐渐从宏观向精细升级,产品也会朝着高质量、低成本、多功能的方向迈进。

14 引领技术变革的纳米印刷

作者：王思（中国科学院化学研究所）

中国古代的活字印刷术

印刷术在我国具有源远流长的历史，它与造纸术、指南针和火药被称为我国古代四大发明。毕昇发明的活字印刷术让中国人引以为豪，为人类文明的发展和传播做出了巨大贡献。2008年北京奥运会的开幕式，也隆重地向世界展示了活字印刷术的魅力。

随着科技的发展，印刷术也不断进步和变革。尤其是20世纪80年代，王选院士主持开发的汉字激光照排技术，将依赖"铅与火"的古老印刷技术推进到"光与电"的新时代，推动了印刷技术的第二次革命。

近年来，纳米科技备受瞩目，被认为是新工业革命的主导技术之一。而纳米科技与印刷技术的融合与创新，也给古老的印刷术注入了新的活力。

"纳米印刷"已成为印刷领域新的焦点，正在引领新一轮的技术和产业变革。

纳米印刷：从"感光"到"非感光"的技术跨越

我们都知道，印刷是利用印版实现图文信息批量复制的过程。

目前传统的印刷制版方式主要是激光照排和计算机直接制版技术，它们都是基于感光成像的原理，使用化学药水对胶片或印版进行显影、冲洗后，才能在印版表面形成图像区和空白区，这个过程有点类似于传统的胶卷照相。

不过，这会带来严重的环境污染和资源浪费。因此，中国科学院化学研究所的研究人员发明了纳米材料绿色打印制版技术。

纳米绿色印刷

在自然界，荷叶表面的微纳米结构可以控制液滴在其表面浸润和黏附。受这一现象的启发，研究人员发现，通过打印纳米材料控制印版表面的浸润性，可在印版表面构建出清晰的亲油（图文）区与亲水（空白）区。

纳米材料绿色打印制版技术，就是将亲油的纳米粒子复合材料作为墨水，直接打印到具有微纳米结构的超亲水印版上，形成亲油墨的图文区（"1"区）和亲水的空白区（"0"区），从而可以直接印刷。

纳米版材表面的微纳米结构可以实现可控的超亲水与超亲油特性，构建出高反差的浸润性表面图案，提高了印刷过程中印版的精度和油墨转移的效率。

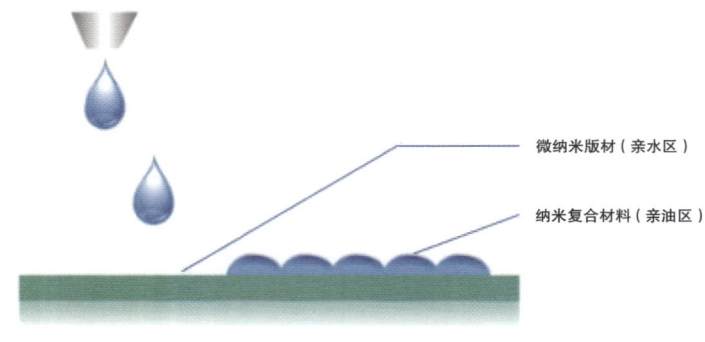

纳米印刷制版示意图

正像数码照相对胶卷照相的革命一样，纳米绿色制版技术完全避免了感光冲洗过程，实现了从原理性基础研究到技术创新的重要突破，是目前最环保的印刷制版技术。

国内外纳米印刷的发展趋势

纳米印刷因其突出的环保优势和广阔的发展前景引起了国际印刷界的高度关注。兰达公司创始人、被誉为"数码印刷之父"的班尼·兰达，于2012年在被称为"世界印刷界奥斯卡"的德鲁巴国际印刷展上高调宣称进军纳米印刷领域。富士、东丽公司也主动和中国科学院化学研究所交流并探讨合作事宜。我国印刷行业在"十三五"发展规划中，更是将纳米印刷列为重点发展内容。这些事实说明纳米科技在印刷领域的应用已在全球印刷行业引起高度重视。

兰达公司的一款纳米印刷机

前景广阔，从"绿色印刷"到"印刷制造"

实施绿色印刷，是印刷业当前和未来发展的重要任务。纳米科技在印刷制版领域的应用，不仅为制版技术的发展提供了绿色环保的新方案，也为印刷产业链的绿色发展指出了一条新路。

当前，印刷铝版基普遍采用电解氧化铝的粗放型制备方式，生产过程中会排放大量的废酸、废碱，而纳米"绿色版基"技术，是通过纳米材料涂布技术，将功能性纳米涂层材料直接涂布在未电解氧化的版基上，使印版性能达到印刷要求，是一种无须电解氧化的环保技术。

同样，针对印刷中大量使用溶剂型油墨而带来的挥发性有机化合物排放问题，纳米技术可以实现颜料颗粒水性分散，从而制备出具有良好性能的绿色油墨，并最终形成涵盖"绿色制版、绿色版基、绿色油墨"的完整的绿色印刷产业链技术，实现印刷产业的绿色化。

纳米绿色制版中心

纳米科技与印刷技术的融合，不仅在传统印刷的绿色发展中发挥作用，而且还将古老的印刷术拓展为先进的绿色制造平台技术，在电子、建材、印染等众多领域都具有广阔的发展前景。

以电子行业为例，中国是世界上最大的印刷电路板生产国，传统的电路板制造采用蚀刻工艺，一张覆铜板绝大部分的铜都要腐蚀掉，造成严重的环境污染。而纳米绿色印刷电子技术是利用金属纳米颗粒，借助印刷技术实现电路的印制，避免了蚀刻工艺带来的环境污染和材料浪费。

我们身边的纳米印刷都有哪些？

电子票卡是我们日常生活中的必需品，从地铁票、银行卡到各种电子门卡等。由于票卡生产数量达数百亿张，其带来的蚀刻废液的污染也不容小觑。因此，如何实现电子票卡的绿色制造至关重要。

纳米印刷电子票卡内部的天线线圈采用绿色印刷工艺，可以在不同基材上直接印制出高导电的电路，从源头消除传统蚀刻工艺造成的污染，并可大大减少碳排放。

目前，利用纳米绿色印刷技术印制的电子门票已在全国科技活动周、北京 APEC 会议和地铁票卡等中得到应用。

电子票卡仅仅是纳米绿色印刷技术应用的一个例子，太阳能电泡、生物芯片也都可以通过该印刷方式生产。随着技术的进步，人们期望将来的电视机，甚至电脑等都可以像印报纸一样快速印制。

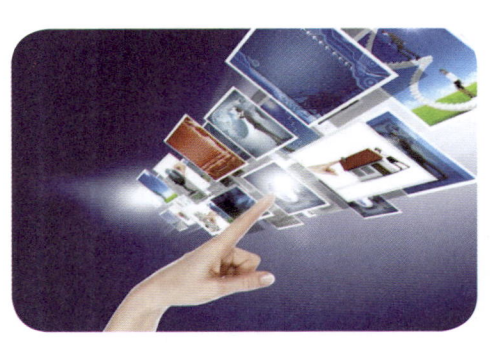

可印刷的柔性触摸屏

同时，绿色印刷电子技术因具有柔性化、透明化、绿色化的特点，还将推动电子产品的轻、柔、薄和透明化，并更好地支撑物联网、触控显示、生物芯片和可穿戴电子设备等战略新兴产业的发展。

相信在不久的将来，古老的印刷技术在纳米科技的推动下，作为一种先进的绿色制造技术，将在众多传统产业改造和战略新兴产业发展中发挥出重要的作用，引领印刷新时代！

15 这个研究黑洞和中子星的利器，可能是有史以来中国发起并领导的最大型国际合作科研项目

作者：刘红薇（中国科学院高能物理研究所）

2018年3月，中国科学院启动了增强型X射线时变与偏振空间天文台背景型号研究项目（enhanced X-ray Timing and Polarimetry mission，简称eXTP）。在2025~2035年间，eXTP有望成为该领域国际领先的旗舰级X射线空间天文台。那么，它到底是什么？又能带给我们哪些宇宙信息呢？

eXTP是什么

eXTP是我国2017年6月15日成功发射的"慧眼"卫星的后续项目，也是一个研究黑洞、中子星的利器。顾名思义，它能够对天体辐射出的X射线的时变和偏振进行测量，精细研究极端条件下的基本物理规律。

eXTP卫星概念图

eXTP项目由中国发起并领导，主要由欧洲（包括意大利、德国、瑞士、西班牙、法国等）20多个空间天文发达国家的100多个研究院所参与，很可能是有史以来中国发起并

领导的最大型国际合作科学研究项目，计划于2025年左右发射升空。

eXTP空间天文台将载有中欧合作研制的四组高性能X射线天文仪器：能谱测量聚焦望远镜阵列（the Spectroscopic Focusing Array，简称SFA）、偏振测量聚焦望远镜阵列（the Polarimetry Focusing Array，简称PFA）、大面积准直型望远镜阵列（the Large Area Detector，简称LAD）、广角监视器（the Wide Field Monitor，简称WFM），可实现大面积、高动态范围、高信噪比的空间X射线"能谱—时变"与"时变—偏振"观测。

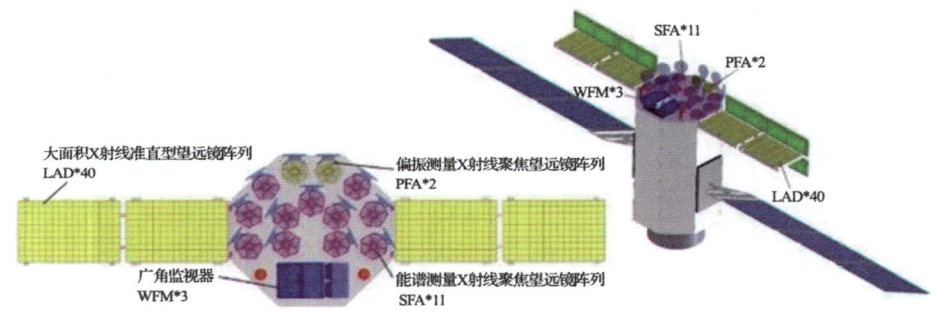

eXTP卫星简图

其主要科学目标可概括为：一奇二星三极端。"一奇"指的是黑洞，"二星"指的是中子星和夸克星，"三极端"指的是极端磁场、引力和密度。具体来说，就是通过观测黑洞奇点附近物质和辐射的行为以及中子星附近的真空涨落的行为，同时观测这些中子星是否实际为夸克星，来深入理解三极端条件下的物理规律，也就是把这些天体作为宇宙的物理实验室，开展在地球上无法实施的物理研究。

什么是旗舰级？它到底有多高

黑洞

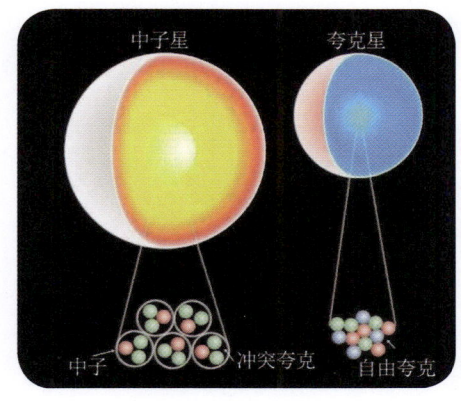

夸克星和中子星

级？说 eXTP 是旗舰级，是缘于其强大的功能。一般的天文卫星科学目标和用户团队比较集中，在卫星发射之前就确定了研究目标和观测计划。而有些天文卫星就好像地面的天文台一样，用户来自整个天文界的天文学家，其观测目标和计划主要由这些用户提出方案，再经过专家评审确定，这一类天文卫星被称为空间天文台。

其中一些空间天文台规模特别大，卫星携带的科学仪器（望远镜）功能特别强大，不但能够满足大量用户的需求，而且科学寿命很长，通常在 10 年甚至更长的时期内都能够保持丰富的科学产出。比如，大家熟悉的哈勃空间望远镜就是可见光波段的旗舰级空间天文台，而钱德拉 X 射线天文台和 XMM – 牛顿卫星则是 X 射线波段的旗舰级空间天文台，这三个天文台都是 20 世纪发射运行的，至今依旧"炯炯有神"。

eXTP 的科学目标涉及的范围从基本物理规律到宇宙中各类天体的高能和极端活动。它不仅能够观测那些一直会产生 X 射线的黑洞和中子星，而且还能够捕捉并详细观测爆发天体。同时它也是宇宙多信使观测的主要仪器，比如可以用来探测引力波爆发时所产生的 X 射线，也就是引力波的电磁对应体。

旗舰级空间天文台：哈勃空间望远镜

因此，eXTP 配置的科学仪器非常先进，功能十分强大，预期在发射之后至少 10 年保持国际领先，将引领空间高能天体物理领域的发展，是名副其实的旗舰级天文台。

X射线天文望远镜能看到什么

为了避免大气层对天文观测的影响，人类向太空发射了一系列的空间望远镜。空间望远镜突破了地面望远镜观测仅限于特定波段的限制，可用来探测不同波段的电磁辐射。其探测和研究的目标非常多，比如笼罩着天文界的两朵"乌

中子星的双星系统

云"——暗物质、暗能量，高能宇宙射线，致密天体和双星系统如黑洞、中子星，还有伽马射线、伽马射线暴、引力波电磁对应体，等等。

黑洞的观测一向是天文界比较热门的领域，由于黑洞附近的物质温度和密度比较高，产生的辐射主要在X射线波段，所以X射线观测对于研究黑洞是非常重要的。实际上，几乎所有的天体都会产生X射线辐射，只是强度和比例不同而已，因此X射线天文望远镜不仅是研究天体极端条件下剧烈高能活动物理机制的主要探针，而且在整个天文学中也占有非常重要的地位。

20世纪，国际空间研究机构和团队发射了一系列X射线天文望远镜。例如，60~70年代贾科尼团队发射的X射线天文卫星，发现了一批黑洞和中子星，开创了人类观测宇宙的新窗口，贾科尼也因此于2002年获得了诺贝尔物理学奖。再比如90年代意大利和荷兰共同研制和发射的BeppoSAX卫星，1999年NASA发射的钱德拉X射线天文台和ESA发射的XMM–牛顿卫星，2012年美国发射的NuStar卫星，以及我国于2017年6月15日发射的"慧眼"卫星等。迄今为止，在太空运行的就有10颗X射线天文卫星。

eXTP还是空间实验室

除了发现各种会发射X射线的天体，给这些天体拍照片，看看这些天体都在折腾什么，X射线天文卫星还能干什么呢？

近代和现代科学家大多是在实验室里做各种科学实验。在做了几百年实验之后，科学家发现，有些实验条件无论如何都无法在地球上的实验室里实现，于是科学家就想到了在宇宙中建实验室，即利用宇宙中的极端条件来完成科学实验。

比如，地球的自然磁场大约为1高斯，也就是万分之一特斯拉，而地球上的实验室里能实现的最强磁场也不过10特斯拉左右。但是，目前已知宇宙中最强的磁场是中子星表面的磁场，最弱也是上千特斯拉，最强超过了10亿特斯拉，在地球上的实验室里永远都无法实现。地球上能产生的最强引力就是地球的引力，但是和中子星以及黑洞附近的引力相比，地球引力几乎可以忽略不计；1立方厘米的中子星物质重达10亿吨，和珠穆朗玛峰的质量差不多，这样高密度的物质在地球实验室当然也无法产生。

所以极端磁场、引力和密度，在地球上的实验室中是无法实现的，只有在宇宙中才能实现。我们只有通过观测这些天体以及不同天体中物质及其辐射的行为，来理解上面三种极端条件下的基本物理规律。

有了"慧眼"为什么还需要eXTP

"慧眼"卫星于2017年6月15日在酒泉卫星发射中心发射升空，eXTP是"慧眼"卫星的后续项目，不但性能有至少一个数量级的提升，而且还有全新的观测能力。"慧眼"卫星项目于20世纪90年代提出，它的成功发射使我国得以进入国际高能天体物理的观测领域，而eXTP空间天文台的实施将使我国空间X射线天文学的研究进入国际领先行列。

eXTP搭载了四个高性能探测载荷，主要探测中、低能X射线，而"慧眼"卫星搭载了高、中、低能X射线望远镜，主要探测高、中、低能X射线，并对伽马射线暴进行监测。相比而言，eXTP的观测能区不如"慧眼"卫星那么宽，

"慧眼"卫星概念图

这是它们各自的科学目标不同所决定的。就探测性能来说，eXTP明显优于"慧眼"卫星，其偏振测量和聚焦望远镜是"慧眼"完全没有的功能，并且eXTP在软X射线能段的探测性能高出"慧眼"100多倍。两者都能观测黑洞、中子星，但是eXTP可以观测得更加全面、细致。

eXTP和国际上同级别天文台有何不同

NASA的钱德拉X射线天文台、ESA的XMM–牛顿卫星和研制中的雅典娜卫星，这三个都是或将是国际上最为先进的大型X射线天文台，它们各自究竟有何特色呢？

国内外旗舰级的 X射线天文台	科学目标	主要特色
中国的eXTP空间天文台（预计2025年发射）	利用宇宙极端天体物理实验室，精细研究极端条件下的基本物理规律	最大面积准直和聚焦X射线望远镜阵列，最强的X射线时变和偏振测量能力
NASA的钱德拉X射线天文台（1999年发射，仍然在运行）	观测宇宙中各类天体的X射线辐射	0.5角秒的最好分辨率，相当于X射线的哈勃望远镜
ESA的XMM–牛顿卫星（1999年发射，仍然在运行）	详细分析宇宙中各类天体的X射线能谱	X射线最大面积和最好能谱探测能力，相当于X射线的凯克光学望远镜

续表

国内外旗舰级的 X射线天文台	科学目标	主要特色
ESA研制中的雅典娜卫星 （预计2028年发射）	研究超大质量的黑洞以及宇宙的演化	最大的单口径聚焦X射线望远镜，光谱探测能力最强

从上表可看出，eXTP、钱德拉、XMM-牛顿、雅典娜这四个世界上最先进的旗舰级天文台项目，科学目标互补，且各有特色。钱德拉和XMM-牛顿已经在轨运行近20年，而eXTP和雅典娜是研制中的下一代空间天文台，主要科学能力较现有在轨卫星均有显著提升。eXTP与雅典娜相比，前者侧重X射线的时变和偏振的测量，主要研究极端物理条件下的基本物理规律；后者侧重能谱测量，主要研究超大质量的黑洞以及宇宙演化。eXTP和雅典娜卫星的发射运行将开启X射线天文学研究的新纪元。

PART 4

数学史中的故事

PART 4
数学史中的故事

16 如何用数学证明"只可意会，不可言传"

作者：黄逸文（中国科学院数学与系统科学研究院）

哥德尔

在生活中，我们常常听到人们在谈起某件事、某类技艺时感叹：只可意会，不可言传。

那么，究竟是人类的语言词汇贫乏，还是真的有某种神秘的力量让人屈服于大脑表达的无能呢？让我们从数学家哥德尔说起。

哥德尔，著名数学家、逻辑学家、哲学家，生于捷克的布尔诺，1924年到维也纳大学攻读物理，两年后转读数学，1930年获博士学位。后来，哥德尔去了普林斯顿高等研究院，在那里，他成为爱因斯坦一直找寻的谈伴，并被爱因斯坦视为知音。

他被誉为自亚里士多德以来人类最伟大的逻辑学家。计算机之父冯·诺依曼曾这样评价

哥德尔与好友爱因斯坦

他:"哥德尔在现代逻辑学中的成就是非凡的、不朽的,他的不朽甚至超过了纪念碑,他是一个里程碑,是永存的纪念碑。"

那么,哥德尔究竟做出了什么贡献呢?

这就不得不说到哥德尔在1931年证明的一个定理——哥德尔不完备定理,正是这个定理让哥德尔名垂千古。这一定理的成果直接影响了今天的人工智能和大脑神经科学的前沿,并且也必将在未来人类的发展中起到至关重要的作用。

哥德尔不完备定理的主要内容是:

在任何一个相容的形式化数学理论中,只要它可以在其中定义自然数的概念,就可以在其中找出一个命题,在该系统中既不能证明它为真,也不能证明它为假。

换句话说,在一个包含自然数的体系下,存在着一个问题,在该体系的基础公理下永远也不能证明该问题是对的,同时也永远无法证明该问题是错的。

在数学的历史上,曾经多次出现这样的问题。举世闻名的费马大定理就曾经让数学家陷入这样的困惑。在300多年的漫长探索中,很多数学家对费马大定理能被证明或给出反例都表现出极大的悲观。而另外两道世界知名的数学难题——哥德巴赫猜想和黎曼猜想,由于哥德尔提出了"幽灵般"的不完备定理,迄今为止,也被少数数学家悲观地预测为既不能证真也不能证伪的问题。

但是,这也并不表示此类问题就没有解决的希望,只不过是基于数论的基础公理无法证明该类问题而已,人们需要利用其他形式系统的方法来实现跨界证明。费马大定理最后就是利用椭圆曲线的工具才得以完美解决的,1995年,英国数学家怀尔斯在潜心面壁8年后终于解决了这个困扰人类358年的难题。

如果哥德尔不完备定理只是在数学领域显示出顽强生命力的话,那么它的影响力要有限得多。而让它真正大放异彩的，是其随后在计算机和人工智能浪潮中的应用。

数学建立在一系列公理之上，在逻辑推理的辅助下往各个方向无限延伸。构成数学推理的语言是一套符号运算系统，在基本公理的基础上，人们可以依靠逻辑递归推导出一系列毋庸置疑的结论。

哥德尔不完备定理其实揭示了这种基于数论有限公理的形式主义逻辑的不完备性，即人们可以在其中添加无限多的公理，而与之前的公理没有任何矛盾，且这些新加入的公理无法用之前的公理递归枚举得出。这对当代的计算机科学有着深远的影响。

众所周知，现代的计算机都基于冯·诺依曼提出的二进制数字运算的基本原理和一系列基础公理，其执行一般由输入、处理和输出组成。尽管计算机在速度和执行效率上有了日新月异的发展，但是其处理数据的思路仍然是基于一定的递归规则运算来判断命题的真伪，从而输出结果。

然而哥德尔不完备定理却无情地揭示了计算机的隐患：至少存在一个命题，递归程序无法判断其真伪。系统在处理这样的问题时必然陷入无限卡壳的状态。

解决这一致命缺陷的办法只有无限扩展公理集，但由于计算机的存储容量始终是有限的，因此我们永远也无法造出完美的计算机。这样，基于冯·诺依曼理论构建的计算机从诞生开始就有着先天的"基因"缺陷。

也正因为如此，一些数学家认为人类的"直觉"不受该定理的限制，所以计算机永远不可能具有人脑的能力。人工智能无论如何发展，也无法完全具备人类的智慧。

但另外一些研究指出，人类思维也是不完备的，人脑的"思考"和电脑的"运算"基本原理一致。电脑用电子元件的"开、闭"和电信号的传递进行运算，人脑则相应表现为通过神经元的"冲动、抑制"和化学信号的传递进行思考。

　　这种相似的联系直接导致人脑的思考也符合哥德尔不完备定理的条件，因此人类的思维系统也是不完备的。在生活实践中，人们通过思考来建立对世界的客观认识和描述，而语言则是人们互相交流思考结果的有力工具。

　　对人脑而言，思维推理系统的不完备也就意味着存在不能用思维证实的问题。

　　简而言之，因为思维是客观实在的近似反映，语言则是思维的近似表达，现实中总有那么一些问题或者想法，我们无法用思维来证实或者否定，从而也就无法用语言来完全准确地表达我们的思想。

　　这就是我们"只可意会，不可言传"背后的数学原因。

17 一元三次方程的求解之路

作者：黄逸文（中国科学院数学与系统科学研究院）

今日文明成就的取得，是谁在辛勤地耕耘？昔日文明创造的艰辛，又有前辈多少汗水融入历史的尘埃？让我们拨开历史的迷雾，去看看那些在科学史上为人类的福祉奉献一生、为文明的历程抛洒汗水的英雄。也许，他们最初的出发点仅仅是为了满足自己的好奇心，想要解决一些有趣的问题，但是他们的智慧和成就却永远影响并改变了后人的生活，他们的经历书写了人类探索世界最波澜壮阔的科学史诗。

科学的皇后——数学

古希腊时期，西方文明发轫，百家争鸣的局面在东西方几乎同时出现。在西方，罗马继而兴起；在东方，中国经历着春秋到战国的更迭。其后，西方度过了1500多年的黯淡岁月，直到14世纪文艺复兴的兴起，西方文明才迎来第二次飞跃。

文艺复兴以后，科学的蓬勃发展催生了很多基于数学的实际问题。1390年，数学作为官方的教学课程，被意大利的大学所认可。1450年，在罗马教皇的授权下，数学成了

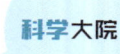

大学的必修课程。

在此后的悠悠岁月里,作为科学的"皇后",数学让人们用理性武装头脑,引领着追求真理的人们披荆斩棘、开天辟地。

在数学的辅助下,与人们休戚相关的物质世界化作一个个巧夺天工的方程式,静静地述说着宇宙的神奇和秘密。

从描述微观世界的量子方程到阐释宏观物体的牛顿定律,再到描绘广袤宇宙的相对论,数学为我们展现了一幅幅奥妙无穷的历史画卷。留下这些画卷的英雄,连同他们的汗水和血泪,共同缔造了今日的信息帝国。

一元三次方程的求解

求解之路

最简单的方程是一元一次方程,其基本形式是"$ax+b=0$(a、b 为常数)"。

稍微复杂一点的是一元二次方程,如"$ax^2+bx+c=0$(a、b、c 为常数,且 $a\neq 0$)"。今天,这个方程的解法早已成为初中生的必备常识,然而回顾历史,人类直到 13 世纪才找到破解它的办法。

在一元二次方程问题被彻底解决后,一元三次方程的求解吸引了更多人的关注。

尽管在古希腊时代就有人研究过"$x^3+ax+b=0$(a、b 为常数)"这种形式的一元三次方程,但是由于缺乏必要的数学工具,当时人们对这个方程仍然知之甚少。谁也不曾想到,这条求解一元三次方程的路,人类竟然走了 300 多年。

多方博弈

一元三次方程的求解之路,起源于文艺复兴的发源地——意大利。

1501 年,36 岁的波伦亚大学数学教授费罗偶然听到意大利数学家卢卡·帕乔利关于一元三次方程求解的一次演讲。帕乔利声称可以写出许多一元三次方程的精确解，其精妙的求解技巧让费罗迷上了一元三次方程。在苦心钻研14年后，费罗终于能部分解决类似"$ax^3+bx+c=0$（a、b、c为常数，且$a\neq0$）"这样简化的一元三次方程。

当时的科学家们对自己的发现往往讳莫如深，他们更喜欢参与辩论，用手中掌握的科学知识在辩论赛中击倒对方，从而为自己赢得荣誉和地位。也正是因为这样的原因，费罗并没有公布自己的解法，只是将全部心得传授给了他的两个学生：那维和费奥雷。

费罗去世以后，费奥雷继承了导师的衣钵，通过8年的潜心研究和充分的思想准备以后，他向当时著名的数学家塔尔塔利亚发起了求解一元三次方程的挑战。

1535年，两人的公开对决以塔尔塔利亚的绝对优势胜出。此后，塔尔塔利亚成为一元三次方程世界里最权威的数学家。

与此同时，另一位意大利数学家卡尔达诺按捺不住对一元三次方程求解的兴趣，多次写信给塔尔塔利亚，恳求其教授精妙的解法，然而塔尔塔利亚却拒绝了卡尔达诺的要求。

后来，卡尔达诺写信给塔尔塔利亚，向他保证可以将塔尔塔利亚的一本新书推荐给米兰总督，帮助他迈上高官厚禄的仕途。经不住巨大的利益诱惑，塔尔塔利亚终于同意和卡尔达诺当面交流。

《大术》问世

卡尔达诺带着他年仅16岁的学生费拉里去找塔尔塔利亚，塔尔塔利亚把心中的秘密告诉了卡尔达诺，并让卡尔达诺立下不可泄密的重誓。

4年后，卡尔达诺听说费罗的学生兼女婿那维还有更多关于一元三次方程的解法，于是和费拉里又去拜访了那维。回来后，卡尔达诺写成了代数学的伟大著作《大术》。

在该书中，卡尔达诺和费拉里极其详细地研究了一元三次方程的求解方法。他们还首次发现一元三次方程的解有可能是一类无比"诡异"的数字，

这就是后来被数学家高斯发明的虚数 i。

塔尔塔利亚对此极其愤怒，他对卡尔达诺的背叛耿耿于怀。与此同时，卡尔达诺却深信自己的贡献已经远远超越了塔尔塔利亚的成就。

在针锋相对无果之时，塔尔塔利亚与费拉里开始了另外一轮辩论。但是与昔年他跟费奥雷的辩论结果不同，这一回塔尔塔利亚惨败。

一年后，塔尔塔利亚失去了布雷西亚的教职，而费拉里却仕途高升，成了米兰总督钦点的税务长官。

正所谓"成也萧何，败也萧何"，13年前，因为一元三次方程的辩论一战成名的塔尔塔利亚，如今又因为另一场一元三次方程的辩论而身败名裂。

从1501年费罗遇到帕乔利到1545年卡尔达诺《大术》的出版，一元三次方程的求解终于从举步维艰到有了突破性进展，此后，数学家又把目光投向了更高的四次、五次方程。然而四次、五次方程的求解之路，却让此后300多年最为杰出的数学家们走得分外曲折。这条漫漫征途，也成为有史以来数学家遇到的最为困难的挑战之一。谁也未曾料到，破译高次方程的密码，最终打开了通往现代群论的大门。

18 从志同道合到分道扬镳：数学与哲学之间的恩怨情仇

作者：黄逸文（中国科学院数学与系统科学研究院）

数学和哲学，几乎同时诞生于遥远的古希腊，共同构成了那个时代文明的骄傲。它们在历史上有着千丝万缕的联系。曾经，它们唇齿相依。

公元前3世纪，古希腊哲学先贤柏拉图在他的学园入口处写道："不懂几何者，禁止入内。"

柏拉图认为数学是理性哲学的前提条件。数学和哲学，就这样第一次携手走进了柏拉图的理性乐园，也奠定了西方两千年理性文明的基础。柏拉图影响了后世无数杰出的数学家和哲学家，笛卡尔、斯宾诺莎、康德等都是坚定的柏拉图支持者。

柏拉图之所以赋予数学如此重要的地位，将它视作理性主义的基石，其根源在于数学有着超越其他学科的先天优势。

当时人们认为，在数学的世界里，任何一句断言都可以得到肯定或者否定的论证，且这种论证不会随着时间更改。每一个数学定理就是一座历史的丰碑，一旦树立就千载不倒，成为后世数

柏拉图学园

学家的标杆。数学定理中展现的严谨结论更是穿越时空的通行证，以至于伽利略曾经盛赞"宇宙是用数学的语言书写而成的"。这种绝对的真理观为数学确立了坚不可摧的理性基础，似乎每一个数学证明从诞生起就经得起任何人的检验。

这和古代的神话与宗教截然不同。基于数学的叙述只依赖于理性论证，完全独立于客观世界和精神家园，其原则可以接受任何的质疑和辩驳。那么，哲学将前提建立在数学之上，也就有了形式上的保障。从此，数学和哲学就紧密地联系在了一起。

数学成了哲学的前提，但是它们又有本质的不同。哲学的基础是数学，却又高于数学。

柏拉图将知识分为四个等级，人们在获取知识的过程中需要经历四个阶段。

第一个阶段是感觉和想象表达的结合。其对象是可感事物的影像，比如影子、水中的倒影等。

第二个阶段是信念。信念的对象是可感事物的影像原物，如找出影子的本体。

柏拉图像

第三个阶段是思想。思想处理的对象处于感性世界和理念世界之间，思想处理的知识处于感性认识和理性认识之间，比如数学。

第四个阶段是理性。理性认知的对象是理念，理念就进入了纯哲学的层次。只要还追求对事物的更完满的解释，我们就永不会满足。但是拥有完善的知识将要求我们把握所有事物相互之间的关系——也就是看到实在的整体的统一性。有了完善的理智就能彻底地摆脱感性事物的束缚。在这个层次上，我们直接和理念打交道。

近代数学与哲学：共同成长的热恋期

在哲学家的思想深处，他们的理念往往是通过数学来实现的，比如，在哲学思辨中大名鼎鼎的反证法，就是一个数学工具。

曾经提出"我思故我在"的法国大数学家笛卡尔，是现代哲学的奠基者。他同时也在现代数学史上有着自己独一无二的坐标，因创立解析几何而名垂青史。他基于悖论推理的数学论证来逐步展开他的哲学蓝图，这种推理形式就是数学的本质。

笛卡尔像

17 世纪的哲学家斯宾诺莎认为，哲学知识如果没有数学的辅助，人们将无法抵达理性的境界。他的名著《伦理学》采用类似欧几里得的《几何原本》的结构，赋予哲学严谨的公理体系和推理证明。从斯宾诺莎开始，哲学开始具有某种几何学的特征，其论证方式也因为自然和严谨深受理性主义哲学家的喜爱。以《利维坦》奠定现代政治学基础的哲学家霍布斯也采用了相同的推理结构。他们的思想都受到牛顿通过数学建立自然哲学的启发，这再一次将数学和哲学紧密地联系在了一起。

斯宾诺莎像

一个世纪后，德国大哲学家康德在《纯粹理性批判》里更强调了数学的重要作用。一如当年牛顿对数学的高度评价"没有数学，就不会有任何自然科学"一样，康德指出批判哲学的存在完全依赖于数学的理性推导。

后世很多杰出的数学家，也同样是伟大的哲学家。比如 19 世纪的大数学家戴德金、康托、庞加莱，他们都从对数学的思考中绽放出哲学理性主义的光辉。

蜜月期结束：巨大的分歧

康德像

尽管数学对哲学产生过巨大的推动作用，人们在数学的概念上却产生了分歧，这一分歧导致后世对数学之于哲学的重要意义有了不同的解读。

第一种观点继承了柏拉图的实在论，人们认为数学是独立于我们而存在的对象。这也是自古希腊时代就被人们认可的观点。

第二种观点则将数学归于形式论的范畴，这

维特根斯坦

一派认为数学仅仅是一种纯粹的人为创造，尤其是形式语言的创造。典型的代表人物如维特根斯坦，他将数学视为众多语言游戏中的一种，认为其并不具备真正的普遍性，人们不能把数学绝对化。19 世纪，非欧几何诞生，统治几何学 2000 多年的欧几里得公理一度被颠覆，给彼时的人们带来巨大的思想震撼。一时间，"公理都会改变"的事实动摇了人们对数学的信仰。这引起了一些人对数学普遍性更为深入的思考。基于此，维特根斯坦认定哲学并不依从于数学，数学也并没有揭示人类存在的真理。

在维特根斯坦之前，持同样观点的哲学家黑格尔甚至更加极端。黑格尔以极其冷漠的态度批判了数学中尚待澄清的概念，比如对严格无限概念的理解，一度走到了科学的对立面。随后，西方哲学的主流开始抛弃柏拉图的实在论，不再将数学推理纳入其思考的体系。从黑格尔到尼采，直至萨特的存在主义，哲学上的浪漫主义远离了分析证明的理性。

与此同时，很多哲学大家仍然支持数学对哲学具有不可替代的作用。康德尽管相信数学是某种先验的形式论，但他认为数学的普遍性毋庸置疑。他和笛卡尔、斯宾诺莎一样，坚持认为数学的出现为哲学铺平了道路。

后来，它们分道扬镳

时至今日，数学和哲学渐行渐远，构成了人们对生活认知的两极。

高冷的数学

大众对数学的态度可谓是爱恨交织。人们发现它无所不在，却又对它知之甚少。

它是每个人成长过程中投入时间和精力最多的学科。数学成绩的好坏不仅影响着一个人的信心和选择，还关乎着前途和命运。但大多数人会在完成大学的课程之后，最终和数学分道扬镳。

同时，很多真正以数学为职业的精英数学家，却刻意保持了与大众的距离。他们拥有极富创造力的数学知识，以自己独有的方式进行着极其艰涩的研究，却并不屑于向世人诠释其精妙的意义。数学家的世界，俨然和公众完全隔离，人们无法了解他们的工作方式，遑论他们的研究成果。双方的隔离导致了公众对数学工作者的误解以及数学工作者的集体排外。

随着研究的深入，当代数学已经建立起超过100个分支的专业领域。人们不仅无法理解数学家的研究成果，不同领域的专家之间也逐渐有了隔阂。复杂性让数学成了一个普通人遥不可及的领域。

尴尬的哲学

艰深的哲学研究在今天也处于极为尴尬的地位。属于西方哲学史的黄金时代已经落幕，原本哲学关注的核心问题渐渐融入其他学科的范畴。如研究"宇宙的本源"的重担转移到物理学，研究"我们从哪里来"的问题被生物学家和遗传学家接手。甚至那些偏向文科的哲学内容，也逐渐被逻辑学、政治学和心理学瓜分。哲学的生命注入了新兴学科的血管里。

与此同时，哲学在人们的生活中更多地融入了功利主义的考量。这样的哲学逐渐和伦理学并轨，进入了人们的生活。每个人都可以被视为是哲学家。随着民主化和个性化的社会风潮，每个人都拥有一套个体的生存哲学，并且对不同的观点要么针锋相对，要么保持沉默。这一套观念和昔日哲学先驱们的思想大相径庭，而后者在当代已经被束之高阁，成为极少数人的思想阵地。

孤独的数学家

有一些数学家，往往以天才和怪异著称。

俄罗斯天才数学家佩雷尔曼解决了世界七大数学难题之一的庞加莱猜想，却拒绝了随之而来的菲尔兹奖和100万美元的奖金。他性格孤傲，选择退隐山林，过上了与世隔绝的生活。

陈景润

另外一位法国大数学家，被誉为代数几何教皇的格罗腾迪克，也选择了在年富力强的时候归隐田园。

1978年，因为徐迟的报告文学《哥德巴赫猜想》而驰名大江南北的中国数学家陈景润，也留下了不食人间烟火的传奇故事。

历史上这样的故事不断在数学家这个群体中重复。大抵数学的创造是孤独的，每一个伟大的灵感都需要数学家离群索居的独立思考，并且长期处于孤僻的状态。

对数学家而言，一个问题久思不得其解是家常便饭。没有人能许诺数学家"经历过风雨，就能见彩虹"。寻找数学问题的答案好像探索未知的迷宫，只有他们自己在孤独地寻找那条通往中心的道路，却全然不知等待他们的是馅饼还是陷阱。经历了绝望、希望，再到绝望，再到希望，每个人的神经都会处于紧张和松弛的反复交替中。如果受到外界的干扰，就容易迷途难返。

因此，数学家的路注定是一条孤独的小径，数学家也在寻找真理的路途中形成了自己独特的性格。

忧郁的哲学家

反观哲学家，他们则大多具有诗人的忧郁气质。

从古希腊的源头看，哲学的本质就是追求超脱和爱智求真。哲学家的问题往往具有普适性。他们追问人生的根本问题，通过自己对人生困境的观察来反思这个世界。哲学家在寻求解决途径时，百折不挠。他们带着泪水和欢笑去感受和思考人生，最终提炼出充满人生智慧的哲学思想。这样的哲学也闪耀着人性的光辉，和诗人的气质不谋而合。

天才诗人，能写出独具眼光和深度的文字；优秀的哲学家，能留下遍洒激情和灵性的思想。从这个意义上来看，哲学家与诗人往往心灵相通，他们在寻求一个谜底的同时，同样承受着煎熬。

那些流传了千百年的诗词，无数次走进人们的内心，被人们世代传颂后，每个人或多或少都与诗人共情。人们理解哲学也是如此。哲学家用理性勾画的蓝图，其实深藏在每个人的基因里。人们虽然无法诉说，却能感同身受。这也构成了人们能够独立表达个体哲学的基础。

只不过,那些被用于解构人性本源、世界本质的哲学词汇和推理太过深奥,它们和艰深的数学定理一样,成了人们难以逾越的思想鸿沟。庆幸的是,哲学的诗人气质被人们继承下来,从而形成了个体哲学百花齐放的局面。

数学家和哲学家:我们都需要

人们害怕数学,因为它过于复杂,不能指出明确的生存意义,更不能带来明显的幸福感。这就给哲学留出了空间。而柏拉图认为任何献身于积极生活、参与到真理过程中的人,一定比那些寻欢作乐的人更加幸福。数学就提供了这样一种可能。

数学的单纯性和纯粹性,杜绝了语言中的欺骗和模棱两可,不受客观世界和人为的干扰,成了清晰无误的自由表达。任何人都可以在其中体验到追求真理的幸福。昔日的人们痛恨数学带来的痛苦,却忽视了数学最重要的不是知识,而是思想。数学的理性推理和思考方式为人们提供了科学解决问题的思路。

哲学则应担负起精神启迪和鼓舞的重责。在商业至上的社会里,个人的幸福往往和物质的多寡紧密相连。失去了哲学引导的人生,就好像在黑夜里独自寻找人生的归宿。物质的丰盈只能成为个人当下安全的保障,却不能帮助人们看清前进的道路。哲学就好像远方照射的一束光,指引着人们人生的方向。

数学和哲学,应该再度携起手来,共同为世人带来更多理性的光芒、更多灵魂的护航。让我们再回头看看柏拉图的学园入口,"不懂几何者,禁止入内"。其实,柏拉图想告诉人们的是,不懂数学的人不能进入的,不是他的学园,而是哲学的殿堂。

PART 5

计算机史话

PART 5
计算机史话

19 从算盘到计算机——信息时代的前尘往事

作者：黄逸文（中国科学院数学与系统科学研究院）

20世纪以来，当代文明以前所未有的速度发展，大众的生活也处在日新月异的变革之中。信息时代的波澜还在，人工智能的浪头又汹涌而来。在短短几十年间，信息化时代的浪潮一朝扑来，旧有的经济格局、文明秩序受到了很大的冲击。身处这一大变局中的人们，除了嗅到了财富的气息，更多的是感到一种焦虑和疑惑、无助与迷惘。

是什么，让世人熟悉的场景在几十年间烟消云散？又是什么，让人类进入了文明的跃迁时代？

信息时代标配：计算机+互联网

如果要用一个词来形容今日人们的生活，几乎大多数人都会说，那就是"快"。信息革命改变了原有的社会秩序：饮食、购物、交通、通信、金融乃至生态的网络被不断重塑，许多曾经看似坚固的东西都在发生改变。大城市里人们的生活节奏在加速，大街上行人的脚步在变快。即使已经远离物资短缺的年代，我们仍然渴望对食物的快速占有，快餐式文化因此迅速崛起。

飞机、高铁、地铁等交通工具的普及，让人们失去了对

快速便捷的交通

时间和空间的敬畏感。借助现代化的交通工具，一顿饭的工夫，千里之外的朋友就可以相聚促膝交谈。互联网和高速无线通信网络的建设，更是消弭了空间带给人们的距离感。无论身处何时何地，信息都能够以光速传递给对方，彼此交换诉求和表达关怀。每年新款的流行服饰只有几个月的生命周期，须臾之间就被人们冷落；各路明星你方唱罢我登场，娱乐的热点此起彼伏、飘忽不定。

很多生活必备品也搭上了智能时代的科技列车，从内而外地被时代塑造打磨。电子产品层出不穷、形态各异，让人眼花缭乱。资本市场在持续地谱写造富的神话，躁动的人群也在加速创造金融的奇迹。明星公司的股票可以在一夜之间诞生成千上万个富翁，创业公司的集体涌现更是将少数人推至财富的顶端。

变化的趋势看起来锐不可当，而主导这波剧变的核心技术却仅仅源自一个产业的突飞猛进，那就是如日中天的半导体产业。微型和超级计算机的大量普及以及通信行业的快速发展就是半导体行业革新的结果。它已经成为推动社会进步的技术力量，成为提升生产效率最重要的工具之一。

半导体产业及其相关产品之所以能在短短数十年之间改变甚至主导人们的生活，要归功于其制造流程在过去50多年间一直遵循着摩尔定律。该定律由英特尔公司的创始人之一摩尔于1965年提出。他预言了著名的半导体工艺演进规

摩尔定律

律：计算机的运算速度每18~24个月可以翻一倍，其制造成本却会相应地降低一半。神奇的是，英特尔公司的技术人员通过自己的努力，在半个世纪的发展中一直维持着摩尔定律的效率。在20世纪60年代初，一个晶体管的制造成本要10美元左右，60年代中期国际商用机器公司（IBM）耗资50亿美元研制的IBM360系统计算机，到今天却仅值3美分。

具备空前强大的运算能力后，计算机能够处理的问题日臻复杂，同时也极大地提高了各行业的生产效率，21世纪的人们才能有幸享有祖辈们梦寐以求的物质盈余。计算机的广泛应用触及人们生活的每个角落。时至今日，从农耕生产到食品加工已经逐渐被机器取代，计算机辅助设计和生产，带领服装行业进入快速迭代期，高速的手持设备处理器奠定了移动互联网的基础，与此同时，金融市场的高频量化交易开始崭露头角。

计算机和互联网的珠联璧合带领人们进入了一个全新的世界，每个身在其中的人都难免有"一日不见，如隔三秋"的嗟叹。如果我们顺着时光的河流逆流而上，则不难发现，今天人类所享受的文明成果，不过是在河流中偶然拼接而成的一串珍珠。它绵绵悠长，从古希腊时期就已经留下了色泽分明的痕迹。

从算盘到通用机

最早的计算机

计算机的形态琳琅满目，功能千差万别，有能放进口袋的微型计算器，也有体积庞大的超级计算机。很难想象，早期的计算机是何等的笨重和单一。1946年诞生的第一代电子数字积分计算机（ENIAC），使用了18000个电子管、70000个电阻器，有500万个焊接点，耗电160千瓦，其运算速度却仅为每秒5000次加法。这其实并非最早的计算机。事实上，计算机早在2000年前就已经在中国出现，它正是我们如今已经很少使用的算盘。

算盘

东汉末年（公元2世纪末至3世纪初），数学家徐岳在《数术记遗》中就提及珠算这种工具。然而，中国也不是最早出现算盘的国度。公元前5世纪，古希腊就出现了和中国的算盘类似的计算工具。算盘的英文abacus，就源自古希腊文。

按照目前人们对计算机的严格定义，它必须拥有一套可以运行的指令，而不仅仅是一套用于计算的硬件工具。因此，只有中国的算盘才被公认为计算机，算盘的口诀就是其运行的指令。熟悉了这套口诀，人们的运算速度可以远远超过心算和笔算。相比较之下，古希腊的算盘只有输出的结果，计算过程还需要依靠心算，因此不能称之为计算机。

有了指令控制，类似今天计算机的软件系统，算盘才成为现代计算机的雏形。

机械计算机：自动完成计算

尽管算盘拥有计算机的部分功能，能够极大地提高记账和算账的效率，但它仍然存在着巨大的缺陷。在实际拨动算珠的过程中，任何小的差错，对结果的影响都可能是致命的。大量数据的计算往往会因为一个人为导致的微小错误而前功尽弃，遗憾的是，这种错误在算盘的使用过程中却极难排查。

为了消除人们在使用算盘中可能出现的失误，最好的办法就是设计一种能通过机械运动自动完成计算的机器。一直到17世纪，这个梦想才由法国数学家帕斯卡完成。他巧妙地设计了一种机械计算机的装置，能完成简单的加法运算。虽然操作复杂，而且效率不高，但是其计算具有自动性和准确性，只要输入的数字正确，计算结果就准确无疑。这给后人设计改良型的计算机带来了一线曙光。

果不其然，大数学家莱布尼茨改进了帕斯卡的计算机，让其能进一步完成乘法的计算。在设计新型计算机的过程中，他还发明了二进制，为计算机的研究指明了正确的道路。帕斯卡和莱布尼茨成为制造现代计算机的探路者。他们的方法给了人们启示，让后人得以沿着其

机械计算机

开辟的道路继续探索机械运动与计算的相关问题。不过，受限于制造工艺与理论，莱布尼茨研制的机械不能保存计算结果，功能比较单一。

随着工业生产的需求渐渐扩张，人们期待计算机能完成更加复杂的任务，比如复杂函数的运算，这给早期的计算机带来巨大的挑战。直到莱布尼茨去世 200 年后，英国的科学家巴比奇受到提花织布机的启发，天才般地制造出一台差分计算机，它能完成简单的微积分计算。这为制造复杂功能的计算机提供了思路。差分计算机的原理是用一种相应的控制流程来控制齿轮的运动，从而能够自动计算不同函数的数值。流程一旦启动，它就会自动控制齿轮的运动，并且在流程结束时，机械停下来的地方就是输出的结果。

20 世纪中叶，制造现代计算机的条件已经成熟。现代计算机已远远超过帕斯卡、莱布尼茨、巴比奇最大胆的梦想中的计算机。然而谁也不能否认，正是这些先驱者的努力，铺就了一条可供后人前行的道路。

两个关键人物

20 世纪初期，人们还在巴比奇的基础上改良机械计算机。尽管其计算能力有了显著提高，却始终避免不了两个问题。一是缺少存储器。每一步运算结果需要在其他地方记录，否则一次只能进行一步运算，哪怕是简单的四

则运算也需要人们反反复复地参与记录。二是无法进行复杂函数的运算。当时的工程设计已经有了大量的计算需求,遗憾的是,当时最先进的计算机仍然无法完成类似三角函数的计算。

此时,两位天才人物的出现解决了这些问题——英国科学家图灵和美国科学家香农为现代计算机的发明奠定了坚实的基础。

过去人们为不断改进机械的复杂度而努力,图灵却并没有加入其中。相反,他开始从底层思考计算机的本质。他希望从源头上弄清楚计算机究竟能解决什么数学问题。他对计算机的设想从最初就比其他人更加富有远见。图灵直接思考着最终极也是最困难的问题,即对于那些有可能在有限步骤计算出来的数学问题,能否有一种假想的机械,让它不断运动,最后当机器停下来的时候,就能得到问题的答案。

图灵

1936 年,图灵最终找到了一种有效且通用的方法,按照这种方法设计出的机器,只要它理论上可以在有限步骤内判定结果,最终一定能给出一个数学问题的答案。整个方法体现为一个抽象的数学模型,也就是大名鼎鼎的图灵机。简而言之,图灵的基本思想就是用机器来模拟人们用纸笔进行数学运算的过程,而图灵机即指代这样一种机器,由这种机器替代人们完成数学运算。目前全世界所有的计算机,都是图灵机的变形,它们能解决的问题,都严格受制于图灵设计的范畴。

有了图灵机的灵魂,还需要把理论变为现实。这得益于另一位天才人物香农。香农在其 1938 年的硕士论文《继电器与开关电路的符号分析》中设计了一种二进制的开关逻辑电路,它能够实现布尔代数的全部基础功能。这篇论文奠定了数字电路的理论基础，也因此被誉为20世纪最重要的一篇硕士论文。

根据香农的观点，所有的加、减、乘、除都可以变成等价的布尔二进制的逻辑运算，而那些二进制的逻辑运算，则可以通过简单的电路来实现。这样，要解决一个复杂的数学问题，只需要将其分解为很多加减乘除的运算，然后等价为开关电路的逻辑运算即可。后者的实现就间接达到了前者的目标。今天所有计算机处理器的运算功能，都是基于无数个这样的电路拼接而成的。

香农的另一个重大贡献是模块化的思想：通过把少数简单的模块搭建在一起来实现复杂的功能。这也成了现代工程设计的核心思想。今日在国防、航空航天、大数据等领域独领风骚的超级计算机就是模块化的杰作。

在图灵和香农之前，每一个计算机的设计都只能有针对性地解决某个具体的问题。比如，留声机和收音机的原理虽然相似，但是它们的内部结构却截然不同；火车和汽车同为交通工具，却也需要完全不同的设计思路来解决其动力问题。

香农

通过他们的伟大创新，人们终于可以设计出一种通用的机器硬件，然后设计一组控制指令。对于不同的问题，使用同一套硬件，只需要改变控制指令的序列就能解决。从此，计算机的设计迈上了康庄大道，各种功能复杂的计算机相继问世，并且其硬件功能伴随着摩尔定律不断更新。自图灵起，信息时代终于徐徐拉开了序幕。

计算机将向何处去

信息时代产生了大量的数据,计算机所需要的运算能力越来越强。海量数据的分析在航空航天、天气预报、石油勘探、商业运营、金融分析、生物工程等方面都有了迫切的需求。与此同时,摩尔定律已经触及了物理的制造极限,传统的冯·诺依曼式计算机也已经渐渐力不从心。只有突破现有的体系结构框架并寻求新的物质介质作为计算机的信息载体,才能使计算机有质的飞跃。科学家们开始努力对冯·诺依曼计算机进行改良,并取得了重大的进展。光子计算机、量子计算机、神经计算机和 DNA 计算机应运而生。随着超高速计算机的投入使用,我们很快也会迈入全新的信息时代。

量子计算机

但无论是哪种计算机,它们都是图灵机的变形。事实上,图灵早已经发现哥德尔不完备定理在计算理论中有其对应的现象。它揭示了即便是在可以设想出来的性能最好的计算机中,也存在不可避免的漏洞,也存在着大量计算机无法解决的问题。这就是图灵机为现代计算机划定的一条无法逾越的边界。

那么,人们是否能造出突破图灵限定的计算机?

这需要回到计算的本质上来看。早在 80 多年前,图灵就意识到计算来自确定性的机械运动。21 世纪的电子计算机的设计原理就是利用电子的运动等价于机械运动。图灵猜测人的意识来自量子力学的测不准原理,而计算是确定的,意识是不定的,因此两者完全不同。图灵机也据此确定了计算机的边界。

突破图灵机的方法之一是突破确定性的限制,这样我们就必须要放弃程

人工智能

序的实在性，即需要构造一个每时每刻都在变化的程序。大自然中恰好存在着这样的实例。比如人脑的信息处理过程就是细胞不断根据环境的刺激而随时改变，这意味着人体本身可能就是一个超越图灵机的存在。甚至所有的生命体都具有根据环境而改变自己的演化规律。生命体和非生命体的这个区别可能也是图灵机与非图灵机的一个本质差异。

随着计算机的能力与日俱增，人工智能的突然爆发也引起了人们的普遍担心。人类是否有一天会被人工智能超越，甚至沦为它们的奴隶，已成为人们激烈争论的观点。然而，只要我们回到计算机的本质上来看，计算机的本质还是图灵机，它有极限。正是这种极限，让计算机和人有着不可逾越的鸿沟。也因此，当代的计算机设计只能成为人们越来越强大的辅助工具，它能够帮助人们处理确定性的问题，而在计算机的帮助下，人们也能做出更加睿智的决策。

20 两千年的数学接力赛催生现代计算机

作者：黄逸文（中国科学院数学与系统科学研究院）

希尔伯特第十问题：现代计算机的理论源头

图灵奠定了现代计算机的基础，也划定了计算机的理论极限。图灵机的诞生，其背后的核心是一条流淌了近两千年的思想河流。

事实上，图灵是为了解决著名的希尔伯特第十问题而提出的有效计算模型，进而才做出了可计算理论和现代计算机的奠基性工作。希尔伯特第十问题则可以追溯至古希腊一位著名的数学家。

公元前3世纪，古希腊亚历山大城的数学家丢番图主要研究不定方程。不定方程指的是未知数个数多于方程个数的一类代数方程或者方程组。其中一类系数为整数的不定方程，被后人称为丢番图方程。求丢番图方程的整数解开启了代数学上最为辉煌的一个分支。比如，著名的费马大定理就是无数丢番图方程中的一个极其简单的特例。这样一个简单的丢番图方程历经358年，最终于1994年由英国数学家怀尔斯解决。

1900年，德国数学家希尔伯特在巴黎举办的国际数学家大会上，提出了 23 个著名的数学问题，其中第十个问题雄心勃勃地对所有丢番图方程发起了挑战。问题的核心是"是否存在一个机械步骤，对任意一个不确定的丢番图方程，都能通过有限步的运算，即可判定它是否存在整数解"。

希尔伯特第十问题留下了两个悬念。第一个悬念是科学的"算法"

希尔伯特

定义。在那个年代，有限的、机械的证明步骤在数学上还没有严格的定义，人们只能凭着感觉去定义这样一种模糊的表达方式。这样一个问题，本质就是"算法"的概念。第二个悬念则是问题的答案。如果问题的答案是否定的，就意味着可能存在大量数学问题，人们永远无法知道其答案是否存在，自然也就无法找到解决方法。人们对这样的问题将束手无策。

20 世纪 30 年代，图灵和丘奇分别从不同的抽象角度提出了"有效机械算法"的概念。其中图灵提出的图灵机模型倾向于硬件性，且模型直观形象，很快得到了人们的普遍接受。通过图灵机模型，人们第一次理解了"算法"这一基本的深刻概念。也正因为图灵奠定的理论基础，人们才有可能发明改变现代文明的工具——计算机。因此图灵被人们尊称为"计算机科学之父"。

然而，图灵的立足点不仅于此。为了解决计算机是否存在着理论上的极限这个悬念，图灵对"计算机"这一概念有了更深的思考，这就是著名的"停机问题"。事实上，图灵机正是他为了论证停机问题才顺带提出的模型。

那么，计算机是否真的存在着理论的运算极限呢？这就需要直接回答希尔伯特第十问题。

在希尔伯特提出著名的第十问题后，很多杰出的数学家对这一问题投入了大量的时间和精力。功夫不负有心人，70 年后，问题终于由苏联数学家马季亚谢维奇解决。原来世界上存在着无数的数学问题，人们永远不会知道其答案，而且这样的问题远远多于有答案的问题。人类能够认识并解决的问题不过是沧海一粟。因此，计算机先天就存在着理论极限，它严格受制于人类能够解决的问题集合。这无疑也证明了图灵当初的远见卓识。

康托

图灵的证明过程深深地受益于彼时的数学进展。图灵的关键想法源自德国数学家康托在 19 世纪末开创的无穷集合论。

两千多年以来，科学家研究的实体都基于有限的存在，没有人试图踏入无穷的世界。面对这样一个远远超越人类认知的事物，大多数理性的科学家都选择了回避。自牛顿和莱布尼茨创立了微积分以后，微积分计算的严格性常常被人诟病，迫切地需要数学理论的澄清。到了 19 世纪，由于分析的严格化和函数论的发展，数学家对无理数理论、不连续函数理论的研究更是需要理解无穷集合的性质。此时，德国数学家康托独自扛起了挑战无穷的大旗，以一己之力创造了集合论和超穷数理论。

为了认知和把握无穷的集合，康托创造性地将一一对应和对角线方法运用到集合论的奠基性研究中。虽然数学的分支众多，但是几乎所有的数学都离不开集合的概念。从某种意义上说，集合就是一切数学的基础。如果为集合论奠定了公理化的基础，也就等于为数学奠定了基础。

然而，任何超越时代的贡献都难以在当时被世人承认。康托也为此付出了极其惨重的代价。他的成果遭到同时代其他数学大师无情的嘲讽，他们组成反康托的联盟，对他进行科学和精神上的双重羞辱。备受打击的康托终于精神崩溃，一度患精神分裂症，最终于 1918 年在德国一家精神病医院郁郁而终。

　　历史终究是公平的，康托在集合论方面所做的工作终于将数学置于前所未有的坚固基石之上。19世纪的数学因为他的工作而看到了真正的曙光，分析不严密性的问题由此得到了解决，悬在数学家心中的一块巨石终于尘埃落定。自康托起，集合论成为数学最基础和最重要的理论分支之一。

　　让康托意想不到的是，他在研究无穷集合时所发明的对角线方法为后世科学家提供了灵感。20世纪无数重大的理论成果都受益于此，数学和哲学的面貌也因此焕然一新。比如停机问题、哥德尔不完备定理，都是该方法的延伸。这些成果最终造就了今日的信息文明，特别是计算机的发明。

　　从表面上看起来，康托的集合论为数学建立了牢不可破的公理体系大厦。但当这座大厦快要完工的时候，再次出现了波折。这次掀起滔天巨浪的是英国数学家罗素。

　　罗素悖论彻底粉碎了数学家的梦想。罗素悖论的一个通俗版本

罗素

是："村子里有一个理发师，他给自己定了一条规矩，'不给那些给自己理发的人理发'。现在就要提问，这个理发师该不该给自己理发？"不管如何回答这个问题，都会自相矛盾。这个问题本身似乎就具有不可调和的矛盾。正是因为这种奇怪的逻辑，罗素颠覆了整座数学大厦的基础。

　　数学是最为严格的科学，然而集合论中居然存在着这样明显而根本的矛盾。为了避免罗素悖论的产生，人们开始通过细心地选择数学公理重新构建精确唯美的数学体系。1917年，希尔伯特提出一整套数学纲领。他希望找到一套公理体系，能够排除悖论，并挽救精确纯粹而美丽无瑕的数学。他试图证明，在任何一个无矛盾的形式系统中所能表达的所有陈述却能够被证真或证伪，在这个系统里不会再出现类似罗素悖论这样的思维怪圈。

然而，14年后的1931年，奥地利裔数学家哥德尔对不完备定理的证明彻底颠覆了希尔伯特形式化数学的宏伟计划。通俗地说，就是任何一个数学的公理化体系都不是"完美"的。任何数学公理化系统都需要人为地从外界注入新的公理进去，才能日趋完善，而它自己并不能完全自动避免矛盾的产生。

哥德尔不完备定理在数学界掀起了轩然大波，它蕴含着深刻的哲学意义。这一理论告诉人们：即使是最完美、最纯粹的数学，也都无法保证自身的完全性，更进一步，纯粹完美的世界并不存在。令人惊异的是，哥德尔证明不完备定理的主要思想与罗素悖论的方法、康托的对角线法是一脉相承的。更让人意想不到的是，哥德尔在证明中引入了"程序即数据"的理念。这也是现代冯·诺依曼式计算机的一个核心思想。

历史的发展总是出人意料。康托创立集合论是为了给整个数学大厦打下坚实的基础，特别是分析的严格化问题。罗素却在集合论的大厦基石上凿出了一道裂痕，继而引发了数学史上第三次重大的危机。当希尔伯特雄心勃勃地提出形式化猜想时，其目的是为数学证明找到一劳永逸的逻辑推理方式，从而避开罗素悖论的陷阱。然而，哥德尔不完备定理却彻底粉碎了这份美好的愿望，将数学带到更深的矛盾之中。奇妙的是，哥德尔在证明中引入的观点却成为后世冯·诺依曼式计算机的核心理念。

冯·诺依曼

在希尔伯特第十问题的启发下，图灵和丘奇分别提出了图灵机和λ算子这两个概念。图灵机侧重于将数学概念物理化，它的提出就隐含了实际的物理实现。多年以后，冯·诺依曼遵循图灵机的概念，据此提出了奠定现代计算机体系结构的冯·诺依曼体系结构。在冯·诺依曼计算机中，一种数学计算已经变成了一条指令。

此后，冯·诺依曼提出的程序数据存储的思想，弥补了图灵机无法将指令存储起来重复使用和没能形成实现程序的结构设计这两点缺陷。

与此同时，丘奇的 λ 算子则是纯粹数学推理系统的一种形式化。他从纯数学的角度进行抽象，不再关心运算的机械过程，只关心运算的抽象性质。丘奇在几条简洁的公理基础上建立起了与图灵机完全等价的计算模型，由此奠定了函数式编程语言的基础。

自此，现代计算机所需要的硬件和软件的理论基础已经全部搭建完成，它的诞生水到渠成，而摩尔定律在制造工艺上保证了计算机能力的指数提升。在经历半个世纪的突飞猛进后，我们终于迎来了移动互联网的时代，同时伴随着大数据、人工智能等造福人类的技术相继登场。

从丢番图起，人类一直在探索真理的道路上匍匐前行。康托、罗素、希尔伯特、哥德尔、丘奇、图灵、冯·诺依曼、香农等伟大的科学家共同铸就了人类历史上伟大的发明——计算机。每一位杰出的科学家都站在巨人的肩膀上，走得更高更远，最终将我们带入了高度发达的信息化时代。

PART 6

发现宇宙新奥秘

PART **6**
发现宇宙新奥秘

21 黑子"消失",新一轮"冰河期"要来了吗

作者:李志涛(中国科学院国家空间中心空间环境研究预报室)

太阳黑子是太阳活动水平的标识。而今,太阳活动水平不断下降,太阳上的黑子越来越少。2016年6月下旬,太阳上甚至没有了黑子,明亮的太阳上干干净净。难道太阳很快要进入活动低年?太阳马上要进入休眠状态?地球要进入新一轮"冰河期"了吗?

"冰河期"真的要来了吗

眼瞅着这么冷冷清清的太阳,缺乏活力,仿佛要进入休眠状态,这不禁让我们想起了2015年流传甚广的一篇报道——《太阳2030年将休眠 地球即将步入冰河时期》。文章回忆了1645年至1715年期间的"小冰河期",当时的情况简直太凄凉了。据记载,那时太阳活动衰减到极低状态,几乎没有太阳黑子的记录。而这段时间内,全球普遍出现气温下降的趋势。英国大部分河流都结冰了,人们纷纷在泰晤

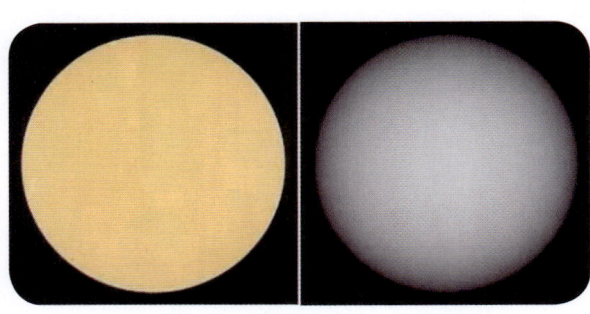

没有黑子的太阳(SDO卫星观测)

士河上溜冰。全世界的农作物产量降低，许多地方出现了人饿死的现象。

对着这么衰弱的太阳再细看一眼，是不是有点背后冒冷汗的感觉？莫非历史要重现，地球提前进入寒冷的"冰河期"了？

虽然太阳黑子变少和地球变冷表面上看有着70年重合的历史，但是没有证据表明"小冰河期"是由太阳无黑子引起的。事实上，与太阳活动周强弱有关的全球气温变化幅度是很小的。以往的经验表明，最近几次太阳活动周影响全球平均气温的变化大约只有0.1℃左右。因此，千万别随便断言太阳活动周期变化直接导致地球气温的骤变。

不过，太阳上持续无黑子，还是要引起我们的重视。这究竟是不是意味着太阳上的黑子很快就会变得极其稀少了，太阳活动低年马上要到来了呢？

太阳黑子会迅速变少吗

答案是否定的。

众所周知，当太阳活动水平较高时，日面上的黑子就会非常多；反之，当太阳活动水平较低时，日面上的黑子就会比较少。尤其是当太阳活动水平非常低时，日面上就没有黑子，这种情况称之为"无黑子日"。在太阳活动

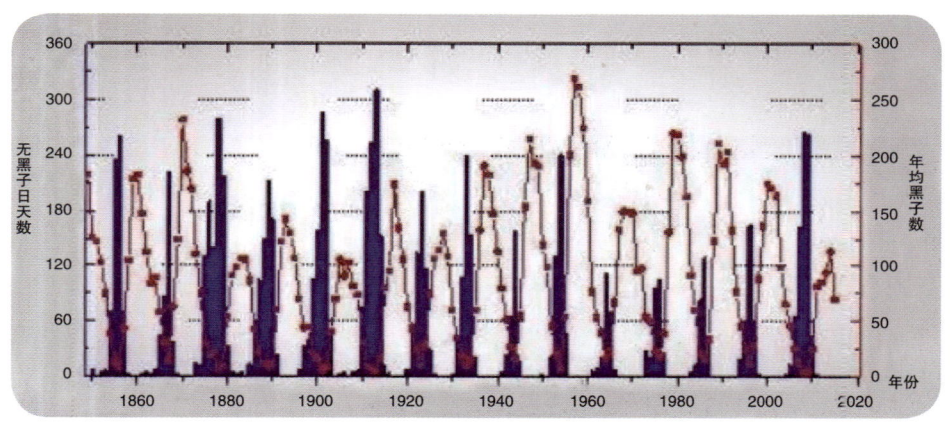

1849年以来每年无黑子日天数和年均黑子数

谷年，这种现象会频繁出现。

上页图给出了日面自1849年有无黑子日记录以来至今所有年份的无黑子日天数，同时附以年均黑子数，并进行了比较。可见，自第10活动周（1855～1867年）以来，在所有大活动周（太阳活动整体水平相对较高），无黑子日持续出现的年份基本上都是处于该活动周接近末尾的下降阶段；而在小活动周（太阳活动整体水平相对较低），无黑子日持续出现的年份大部分处于该活动周的下降阶段。

值得注意的是，在太阳活动水平最低的第12活动周（1878～1890年）和第14活动周（1902～1913年），太阳活动高年偶尔出现了无黑子日。第24活动周也是一个小活动周，太阳活跃程度与上述两个活动周水平相当，巧合的是在2014年也出现了1天无黑子日。

因此，回顾历史，我们可知，从2007年开始的这次活动周与第12和第14活动周类似，在未来的几年里，无黑子日将会越来越多，太阳上的黑子将会慢慢地变少，一直到本次活动周结束。

众所周知，太阳黑子是太阳活动的标识，随着无黑子日越来越多，本次活动周慢慢地到达它的谷年。那么，本次活动周的太阳活动究竟到了哪个阶段呢？

第24活动周什么时候结束呢

首先，我们给出第1～24活动周每周太阳黑子数的出现情况，看一看第24活动周的进展。右图中，每个空心柱表示整个活动周的太阳黑子数量；每个斜线实心柱表示每个活动周前91个月的太阳黑

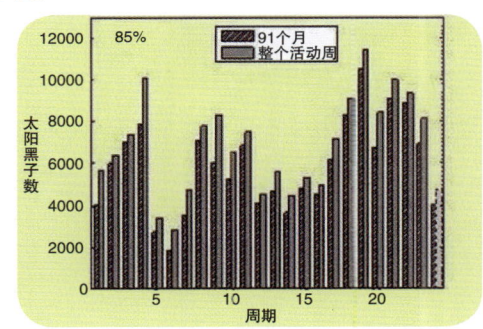

第1～24活动周的黑子数

子数量（截至 2016 年 6 月，第 24 活动周过去了 91 个月）。从图中可知，第 1～23 活动周前 91 个月的黑子数占活动周总黑子数的 85%。以此类推，第 24 活动周在未来的几年里还剩大约 15% 的黑子没有出现。

此外，根据对过去太阳活动周情况的统计，可知平均一个活动周大约有 11 年。但是，每个活动周的长度不同，有的活动周持续时间长，有的活动周持续时间短。

由上页图可知，第 4 活动周长达 164 个月，而第 2 活动周则仅有 107 个月，并且和下图比较，可知太阳活动周的长度与太阳活动水平高低不是相对应的，太阳活动水平较低并不意味着活动周也较短。

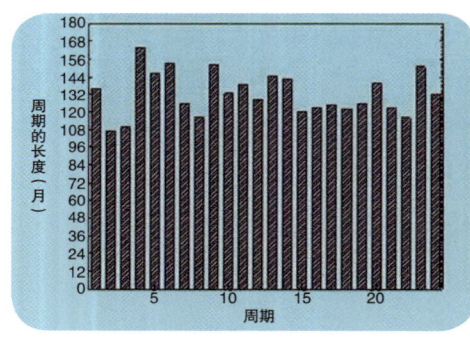

第 1～23 活动周的长度

因此，仅凭历史的统计数据，我们不能断定第 24 活动周的长度究竟有多长。即使最保守估计，以第 2 活动周作为参考，本活动周仍将持续一年多的时间；而最乐观的估计，以第 4 活动周作为参考，本活动周还将持续 6 年之久。

当然，我们不能简单地根据历史统计数据，给出过于模糊的结论，必须采用一定的预报方法，进一步分析本活动周的长度。在第 23 活动周的预报中，我们采用相似周方法，得到了比较理想的预报结果。鉴于本活动周与第 12 和第 14 活动周活动水平相当、走势相似，在第 24 活动周预报中，我们以这两个活动周作为相似周，给出预报结果：预计本活动周将在 2019～2020 年结束，大致持续 11～12 年。

我们可以高枕无忧了吗

既然本活动周快要结束，并且是黑子数持续下降的年份，是不是就没有什么重要的空间环境事件值得我们注意了呢?

现实当然没有那么简单,不要天真地幻想过风平浪静的日子,那样只会分分钟被火热的太阳打红脸。因为,即使在太阳活动下降年,也还是有许多的"暗礁"等待着地球这艘大船。

首先,不能排除有强空间环境事件发生的可能性。例如,在2003年10月底至11月初,发生了著名的"万圣节太阳风暴事件",爆发了X28级太阳耀斑,是历史上有记录以来最强大的耀斑。当时,约半数人造卫星出现故障,全球的通信受到干扰,全球定位系统精度降低。而2003年正值第23活动周的下降年,已进入该活动周的第8个年头。

其次,地磁活动与太阳黑子数的发展特性有明显的差异,它要慢上半拍。一般来说,地磁指数的极值会出现在太阳黑子数极值后一年左右,且呈现明显的双峰结构。这主要是因为在太阳活动下降年,冕洞会频繁地登上太阳活跃的舞台,它喷出的高速等离子流会冲击地球的磁场,造成地磁的扰动。

此外,根据对第22和第23活动周的分析,高能电子暴主要发生在太阳活动周的下降阶段。随着活动周逐步进入谷年,该事件会持续不断地爆发,并没有因为太阳活动水平的下降而减弱。

"万圣节太阳风暴事件"期间的X28级耀斑

黑乎乎的冕洞

　　高能电子暴,俗称"人造卫星杀手",会造成人造卫星的深层充电效应,损坏人造卫星的材料,破坏电子器件,严重时甚至导致人造卫星报废。近十几年来,多颗人造卫星由于深层充电效应引发了故障和失效,造成了巨大的影响。例如,1998年5月19日,高能电子暴造成美国GALAXY-4通信卫星由于内部充电而失效,导致美国80%的寻呼业务中断,并使金融交易陷入混乱。

　　因此,我们不能对空间环境掉以轻心,必须持续关注太阳黑子的变化情况,关注磁暴发生的可能性。

22 比手机电波频率高出1000倍的宇宙辐射能量是怎样存在的

作者：史生才（中国科学院紫金山天文台）

你听说过太赫兹吗？你能想象比手机电波的频率高出1000倍是什么概念吗？这么高的频率波段究竟有什么用呢？

2016年12月13日凌晨，国际权威科学期刊《自然》新创办的子刊《自然—天文学》正式上线，其创刊的首篇文章，刊登了中国天文学家领衔的南极天文观测成果。这一观测结果表明，南极冰穹A具有在地球上开展常规太赫兹至远红外谱段天文和大气观测的独一无二的窗口，是地球上条件最优异的天文观测台址。

太赫兹至远红外谱段——"高冷"的前沿电磁谱段

太赫兹至远红外谱段位于毫米波与光波之间，频率约为 $0.3 \times 10^{12} \sim 15 \times 10^{12}$ 赫兹（对应的波长为1毫米至20微米），是手机电波频率的1000倍以上，也是天文学有待全面研究的"新"电磁谱段。

这一谱段可是令科学家们心向往之的谱段。因为它集中了宇宙近一半的光子辐射能量，是正在形成阶段的冷暗天体的辐射、早期遥远天体发光被星际尘埃吸收后的辐射功率谱的峰值所在谱段，也是大量的星际分子转动谱线与原子精细结构谱线（俗称"指纹谱"）集中的谱段。

太赫兹至远红外谱段是穿透星际尘埃观测光学不可见天体的重要谱段。它在宇宙生命环境和极高红移早期宇宙研究等当代天文学前沿领域中具有特别重要的作用。

然而，地球大气中的水蒸气会强烈吸收太赫兹至远红外谱段的电磁辐射，导致地球上绝大部分区域的这一电磁谱段均不透明。因此，地球上大部分地区都无法实现该谱段的常规天文观测。即使是位于智利的世界最强大毫米波、亚毫米波阵列望远镜ALMA，也因台址条件限制，只能在1万亿赫兹以下谱段开展常规观测。

迄今为止，太赫兹至远红外谱段的有限天文观测主要依赖于空间望远镜（如赫歇尔）或机载望远镜（如SOFIA），但望远镜口径、观测时间等都受到一定的限制。为了建设更大口径太赫兹（或阵列）望远镜，实现更高空间分辨率及更长周期的观测，天文学家一直渴望在地球上找寻一处适合太赫兹至远红外谱段观测的"高冷"之地。

南极冰穹A——"高冷"的地球"圣地"

南极就是这样一个"高冷"之地。

南极，这个被认为是地球上最不适宜人类居住的地方之一，却一直是天文学家心中的一方圣地。冰穹A是南极内陆冰盖距海岸线最遥远、海拔最高的一个冰穹，且气温极低（最低温度在-80℃以下），被称为"不可接近之极"。

2005年，中国科考队在人类历史上第一次问鼎冰穹A。2009年，中国科考队在冰穹A建成了我国第一个南极内陆科考站——昆仑站。冰穹A这个直升机都上不去的白色高地，具有"准空间"的天文观测条件，被国际天文界广泛预测为建设地面天文望远镜（包括太赫兹、远红外谱段）的最佳台址。

冰穹 A 为中国天文学的研究和发展提供了一个新机遇。我国天文界适时提出设立"中国南极天文台"的想法。该天文台主要包括一台 5 米太赫兹望远镜和一台 2.5 米光学红外望远镜。此计划已纳入《国家重大科技基础设施建设中长期规划（2012～2030）》。

南极冰穹A站址（图/宫雪飞）

苛刻的选址指标——大气可降水量及透过率

实现太赫兹远红外天文观测对台址的要求非常苛刻，其中一个非常关键的气象指标是大气可降水量。它指台址地表以上到大气顶部的垂直空气柱里含有水汽的总数量，也就是空气柱中的水分全部凝结成雨、雪降落到气柱底部的地表（把空气挤得一点水分都没有）所能形成的液态水深度。

全球大气可降水量的平均值大约是 25 毫米。青藏高原上冬季的大气可降水量为 3 毫米左右。前面提到的 ALMA 台址查南托高原的典型大气可降水量为 1 毫米，有近 25% 的时间低于 0.5 毫米，这里冬季可观测到 0.9 万亿赫兹的谱段，也是 ALMA 所能观测的最高谱段。而要实现更高频率的常规观测，就需要更好的观测台址，大气可降水量必须更低。

知道了大气可降水量，借助一定的大气模型，就可以给出一个台址在不同大气可降水量情形下大气透过率的理论计算方法。

测定大气透过率的关键设备 —— 傅里叶分光频谱仪（FTS）

在太赫兹至远红外谱段，基于理论模型的大气透过率计算并不十分可靠，因为这些模型中包含一些半经验项。

要评估一个太赫兹至远红外谱段天文台址所能观测的频率窗口，覆盖尽可能宽谱段的大气透过率测量是必不可少的，尤其是对于像冰穹A这样一个极冷的台址。

太赫兹傅里叶分光频谱仪（FTS）可以实现这样的观测。中国科学院紫金山天文台与美国哈佛—史密松天体物理中心等合作研制了国际上首例以无人值守工作模式运行的超宽带（$0.75 \times 10^{12} \sim 15 \times 10^{12}$ 赫兹）傅里叶分光频谱仪，并于2010年1月由第26次中国南极内陆科考队将其成功安装于冰穹A，投入运行。

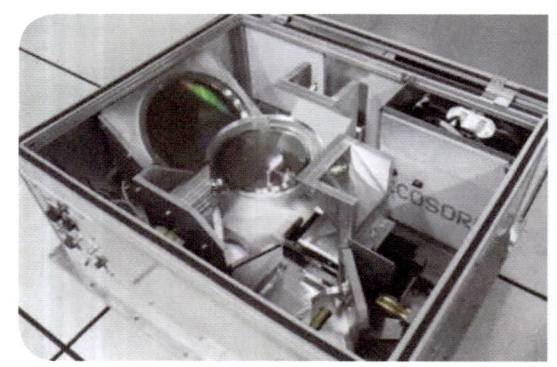
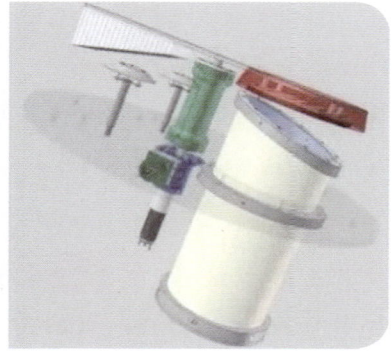

超宽带傅里叶分光频谱仪干涉仪部分照片及校准装置示意图

傅里叶分光频谱仪通过记录整个频段的天空亮度，得到天顶处的大气透过率，并通过长周期连续观测，得到统计结果，给出台址资源科学评估的依据。

打开南极"天窗",探寻生命起源

2010年至2011年间,傅里叶分光频谱仪在冰穹A以无人值守远程遥控模式连续运行了19个月,积累了系统的大气透过率观测资料。观测结果表明:冰穹A冬季典型的大气可降水量约为100微米,相当于人的两根头发丝的直径,仅为ALMA台址查南托高原冬季典型值的五分之一。

大气透过率的统计结果表明:地面其他台址难以成为开展常规观测太赫兹至远红外谱段的新窗口。中国南极天文台建成后,将开辟地球上独一无二的太赫兹波段天文观测窗口。通过这些新的观测窗口,天文学家可以探索恒星及星系的形成过程、星际介质的物质循环过程,进而研究行星系统的生命起源。

23 钱德拉望远镜对银河系外曝光七百万秒，它究竟在拍什么

作者：罗斌（南京大学天文与空间科学学院）

X射线拍摄的图像（图/罗斌等）

看到左边的这幅图，相信很多人都在想，这星星点点的光斑是什么呢？难道它是什么黑科技？它想传达什么信息？

实际上，这可是天文学家们2017年初得到的宝贝。它是美国航空航天局钱德拉X射线太空望远镜所拍摄的一幅X射线图像，并且是有史以来曝光时间最长、用最为灵敏的河外X射线观测得到的图像。

这幅图像总共耗费了钱德拉望远镜约七百万秒（81天）的曝光时间。七百万秒曝光时长是一个什么概念呢？

没有对比就没有差距。我们的手机相机的曝光时间通常是千分之一秒量级。也就是说，这次钱德拉望远镜的曝光时长是我们手机日常拍照曝光时长的数十亿倍。

科学家拍这幅图有什么用呢？上边提到的钱德拉望远镜究竟是做什么的？原来，它是用来研究黑洞的，而且是超大

质量的黑洞。

图像中的亮点大多数是活跃增长中的超大质量黑洞,这些黑洞的质量约是太阳质量的 10 万～100 亿倍。

虽然钱德拉望远镜整个巡天区域面积仅仅只是满月面积的 60％,但是天文学家们仍然从这次最深的 X 射线巡天观测中,发现了前所未有的高天空面密度的超大质量黑洞。这种超大质量的黑洞在满月大小的区域中有 5000 个,而整个宇宙预计能有 10 亿个这样的黑洞。

钱德拉 X 射线卫星中心等单位发布了这项研究成果。美国宾州州立大学的尼尔·勃兰特教授在第 229 届美国天文学会年会的新闻发布会上也对相关发现做了通报。

现在,咱们一起来探究一下这项成果中最重要的超大质量黑洞。

超大质量黑洞是什么

大家对黑洞这个词本身可能并不陌生,它频繁出现于引力波的新闻报道和各类科幻电影中。

通常,人们提到的黑洞是指恒星量级的黑洞,质量大约在 3～100 倍太阳质量之间,是由大质量(约 25 倍太阳质量以上)恒星塌缩形成的。

作为这些恒星量级黑洞的"巨无霸"同胞,那些质量是太阳质量十万至几十亿倍,甚至上百亿倍的黑洞,就称为超大质量黑洞。

与恒星量级黑洞相比,这些超大质量黑洞的形成机制及其在宇宙中的分布状况都还是未解之谜。目前,科学家们通过观测,仅发现这类黑洞广泛存在于大质量星系的中心,包括我们的银河系中心。

如何证明超大质量黑洞的存在

事实上,超大质量黑洞存在的最有力证据,就来自宇宙的银河系中心。

由于光不能逃逸出黑洞,因此黑洞本身并不能被直接探测到。天文学家通过对银河系中心附近多个恒星运动轨道20多年的精确测量,推断出这些恒星之间小于1光周(光传播一周的距离,约1800亿千米)的尺度里面存在一个质量约是太阳质量四百万倍的天体。

这样的致密天体,唯一的可能性就是超大质量黑洞。

有一些超大质量黑洞是十分活跃的。天文学家对超大质量黑洞的观测研究主要针对这类活跃增长中的黑洞。它们位于星系的中心,贪婪地吞噬星系中的气体,以获得自身的增长。气体在落向黑洞视界的过程中会被加热,从而产生可以被探测到的电磁波辐射。这些被观测到的天体通常被称为活动星系核。

在20世纪二三十年代,这类天体刚被发现时也被人们称为类星体,因为在光学图像上,它们看上去和恒星非常相似。当然,当时的科学家们还没有黑洞的概念,也不知道这类天体的本质是什么。

这类增长中的超大质量黑洞是宇宙中的一种极端天体。它们可以在星系万分之一的尺度里产生一万倍星系的能量,并通过全波段的电磁波辐射到宇宙中。

近年来,随着观测手段的进步,天文学对超大质量黑洞的了解有了长足的进步。

目前观测到的最遥远的增长中的超大质量黑洞,位于宇宙大爆炸后约8亿年,目前宇宙的年龄约137亿年,也就是说,我们观测到了129亿年前黑洞附近的电磁波辐射。

观测结果还表明,在这上百亿年的时间里,很有可能超大质量黑洞的增长演化是与它们所属星系的演化息息相关的。

同时，人们还发现原来明亮的类星体只是超大质量黑洞的冰山一角，更多黑洞的质量增长可能是以更缓和（相对较小质量星系中）、更隐蔽（被气体和尘埃所遮蔽）的方式进行的，不能被通常的光学观测所发现。

"X射线深巡天"究竟是什么

基于目前对超大质量黑洞的了解，天文学家们开始尝试解答如下两个问题：超大质量黑洞是如何形成的？它们是如何在宇宙学的时标中与星系共同演化的？

解决这些问题的前提是探测到一个相对全面而完备的超大质量黑洞样本，这就需要X射线深度曝光观测。

由于这类天文观测没有特定的指向目标，而是对一片太空区域进行全面探测，因此也被称为"X射线深巡天"。超大质量黑洞的增长（吞噬气体）通常伴随着显著的X射线辐射，而X射线辐射对气体和尘埃有很强的穿透性（这也是为什么医院可以用X光拍摄人体牙齿和骨骼的照片），因此，X射线是探测这些黑洞有效而高效的手段。

钱德拉望远镜的优势是它的仪器设计精密，观测几乎没有本底噪声，同时具有所有同类仪器中最好的空间分辨率。因此，天文学家可以通过增加曝光时间的方法来探测到更多更弱的X射线光源——绝大多数这些X射线都来自增长中的超大质量黑洞。这也是钱德拉X射线七百万秒深巡天的由来，而这一巡天被称为钱德拉南天区深巡天。

目前，天文学家正在对这个相对完备的大样本黑洞的数十亿年宇宙学增长做系统性研究，其中部分关于超大质量黑洞的物理性质及"种子"的研究成果已经发表。

24 "悟空"火眼金睛，洞察宇宙奥秘

作者：袁强（中国科学院紫金山天文台）

北京时间2015年12月17日，中国第一颗天文卫星——暗物质粒子探测卫星"悟空"顺利升空。

北京时间2017年11月30日凌晨2时，《自然》杂志在线发表了"悟空"卫星的首篇科学论文。"悟空"卫星的科研人员成功获得了目前世界上最精确的高能电子宇宙线能谱。在"悟空"卫星两周岁生日之前，科学家为它送上了一份大大的生日礼物。

媒体纷纷以"中国科学家揭开暗物质之谜""'悟空'找到了暗物质"这样的标题进行了报道。但"悟空"是暗物质粒子探测卫星，第一次发布的重大成果怎么是"获得了高能电子宇宙线能谱"呢？

要回答这个问题，就要先说一说高能电子宇宙线能谱与暗物质探测的关系。

高能电子宇宙线能谱与暗物质有何关系

首先，暗物质真的存在吗？

为了回答暗物质是否存在这个问题，有一些人选择了一条不太好走的路——在实验室里寻找暗物质。人类如果能够

在实验室里找到暗物质,不但可以回答暗物质是否存在的问题,还可以回答暗物质到底是什么的问题。事实上,我们仍然要从天文观测中去寻找线索。

为暗物质"画像"

根据天文观测结果,人们获得了两条关于暗物质的重要线索,并为暗物质进行了"画像"。

其一,与宇宙的大尺度结构相关。

大尺度结构的演化模式与暗物质的速度这一属性相关。如果暗物质运动速度很快(快到接近光速),那么它们形成的结构应该是早期大、后期小(碎裂模式);反之则是早期小、后期大(增长模式)。

观测结果告诉我们,宇宙的结构是由小到大增长的。这说明暗物质的速度应该比较慢,称作"冷"暗物质。这也意味着暗物质会比较重,不容易获得快的速度。

其二,与暗物质的丰度有关。丰度就是暗物质在宇宙中的占比。

目前一种被广泛认可的理论是,宇宙始于大爆炸,从高温高密的状态逐渐膨胀、冷却至今天的状态。

在早期高温高密的条件下,宇宙发生了很多物理变化,其中之一就是粒子和反粒子的湮灭以及产生。这样的过程频繁地发生着,直到宇宙膨胀、冷却至某个特定时刻,粒子和反粒子由于碰撞率变低而碰不到一起,这个过程就停止了,剩下的粒子和反粒子也遗留下来。

粒子和反粒子湮灭和产生的过程何时停止呢?这个时刻取决于粒子和反粒子湮灭的概率(术语叫截面),即粒子之间的相互作用强度。而这个停止时刻又决定了剩下的粒子的数量。

假设暗物质粒子及其反粒子在早期宇宙中经历了类似这样的过程,那么根据今天剩余的暗物质丰度,我们可以反推暗物质的湮灭概率,得到其概率恰好在弱相互作用的水平。

子弹星系团，是宇宙中一大一小两个星系团相撞后留下的混合体。上面的图像是综合利用了哈勃太空望远镜、钱德拉X射线天文台和大麦哲伦望远镜所收集的数据合成的。其中，红色部分代表了由两个星系团相撞而产生的高温气体所辐射的X射线，蓝色代表了分布在两侧的暗物质

这也解释了为什么我们不能直接看到暗物质：因为它们的相互作用本来就很弱。

根据这些结果，我们便可以勾勒出暗物质极有可能的模样：一种具有弱相互作用的大质量粒子。

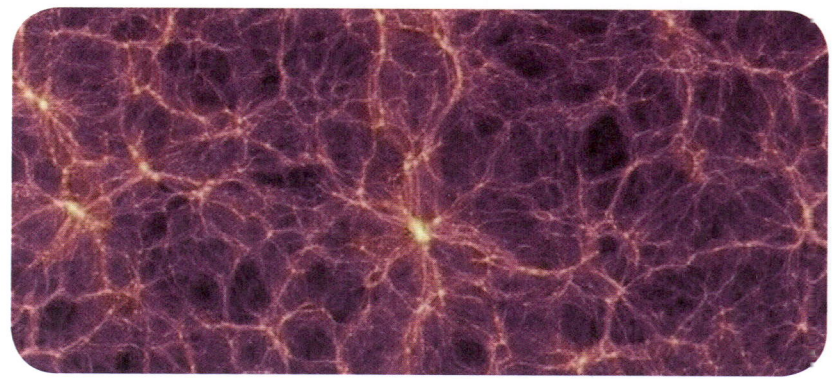

电脑合成的数百万光年以外的太空中暗物质图

到宇宙中寻找暗物质的踪迹

科学家琢磨出了三套"抓捕"暗物质的方案，简称为"上天、入地、对撞"。

"入地"指的是在地下设置探测靶子，等待暗物质自投罗网。这个方案探测的是暗物质粒子和普通物质粒子之间的碰撞过程。因为空气中有许多宇宙射线粒子，这些粒子会干扰探测，所以探测靶子一般要"入地"，以屏蔽掉宇宙射线的本底。

造价不菲的欧洲大型强子对撞机

"对撞"指的是在大型粒子对撞机上产生出暗物质粒子。因为大型加速器和对撞机的建造费时、费力、费钱，这个方案的代价很高昂。

"上天"指的是发射空间高能粒子探测器，探测暗物质湮灭或衰变的产物，如正负电子、正反质子、伽马光子等。因为这些粒子无法穿过地球大气层，所以需要"上天"探测。"悟空"卫星执行的就是"上天"探测任务。

这种方法的基本思路很简单，虽然我们"看不到"暗物质粒子，但是暗物质粒子在与其他暗物质粒子碰撞后，会产生我们能够"看到"的粒子，如伽马射线、电子和正电子、质子和反质子、中微子等，因此我们可以通过探测"看得到"的粒子，来探测"看不到"的粒子。

而且，暗物质粒子湮灭过程中产生的高能电子反映在能谱上，是一些奇特的特征信号。常规的天体物理变化过程，其电子能谱是平滑变化的，而暗物质湮灭产生的电子能谱会在其对应的质量处呈现出一个截断，甚至有可能产生单一能量的电子，于是我们在电子能谱上可能会看到快速截断或者单能线谱一类的特征。

如果卫星的探测精度足够高，是有可能揭示这些特殊结构的。这也是暗物质粒子探测卫星发布的第一个成果是获得高能电子宇宙线能谱的原因。

"熊猫"实验组的研究人员准备进入中国锦屏地下实验室

目前，国际上的暗物质探测实验以"上天""入地"为主。我国开展的暗物质探测实验包括暗物质粒子探测卫星"悟空"、锦屏深地实验"熊猫"和CDEX，并且参与了一些国际合作项目，如"阿尔法磁谱仪"等。

在暗物质探测方面，我国虽然起步较晚，但发展迅速，已经站在了国际前沿，取得了很好的成果。其中"熊猫"实验在2016年和2017年两度报道了其以世界最高灵敏度对暗物质搜寻的结果，虽然没有发现暗物质，但是给出了对暗物质属性最为严格的约束。

我们找到暗物质了吗

目前还不能说我们已找到暗物质，但"悟空"卫星正在用它的火眼金睛，洞察宇宙的奥秘。

"悟空"卫星至今已稳定在轨运行了3年多的时间，获取了35亿高能宇宙射线事例。由于其独创性的设计，"悟空"卫星的花费比国际同类仪器少很多，但是在电子/伽马的能量测量精度和质子—电子鉴别能力等指标上却达到了国际最高水平，从而也成为国际上探测暗物质的利器。

"悟空"卫星发布了什么成果

"悟空"卫星发布的第一个重大科学成果，就是给出了高能宇宙射线电子能谱最为精确的测量结果。

这一结果反映了电子宇宙射线能谱两个有趣的特征：①电子能谱在大约1万亿电子伏特（相当于可见光能量的1万亿倍）能量处呈现出一个拐折；

②在能量约 1.4 万亿电子伏特处出现一个尖峰状精细结构。

"悟空"卫星的成果有何意义

得益于"悟空"卫星的高能量分辨率和低本底混入率，它的精确测量结果可以显著地改善我们对电子宇宙射线模型的认识。

第一个特征是能谱拐折，之前的实验 HESS 虽然曾观测到类似的现象，但由于误差很大，因此不能明确下结论。空间实验 Fermi-LAT 的结果却没有拐折，"悟空"卫星的探测结果清晰无误地呈现出了这个拐折。这个能谱拐折说明，银河系中电子宇宙射线源的分布特征出现了明显变化。

因为电子在宇宙空间中传播的时候会通过同步辐射等过程损失能量，越高能量的电子能量损失的速率越快。这意味着越高能量的电子，传播的范围越小。例如，含 1 万亿电子伏特能量的电子基本上只能传播 3000 光年的距离，而含 1 百亿电子伏特能量的电子则可以传遍整个银河系。由于高能电子的传播范围小，在这个范围内，源的数目也稀少，因此，我们在地球附近观测到的高能电子很可能只是来自于个别源。低能电子的情况则有所不同，它是大量源的平均效应。

打个比方，就好像我们炖一锅骨头豆子汤，如果把骨头切成和豆子一般大小，那么我们随便盛一勺汤，里面总会有豆子和骨头；如果骨头很大块，数量也没有豆子那么多，那么我们随便盛一勺汤，里面可能有骨头，也可能没有骨头。

第二个特征是"悟空"卫星率先观测到的、之前的所有实验中都没有看到的现象。可以说，1.4 万亿电子伏特处的尖峰状精细结构是所有人都没有预期到的新现象。这意味着宇宙空间中可能存在着能量约 1.4 万亿电子伏特的新粒子，或许它就是人们长期以来苦苦搜寻的暗物质粒子。

还有一种可能性是宇宙中存在某类独特的粒子加速器，可以将电子加速到单一能量。要知道，此前只有在实验室中通过精细调节实验装置，我们才能够获得单能粒子束。科学家们猜测，脉冲星或许可以扮演这个角色。脉冲

星是恒星死亡后留下的一种遗迹，是一种极端致密、强磁场、快速转动的天体。脉冲星稳定转动形成的感应电场或许可以加速出单一能量的高能电子。

无论是哪种情况，这都将是粒子物理或天体物理领域的开创性发现。

我们距离"找到暗物质"，还有多远

"悟空"卫星的首秀就发现了超出人们预期的新现象。不过，由于高能量粒子数量稀少，现在还不能完全排除这是统计波动影响的结果。"悟空"卫星的当务之急是继续收集数据，提高统计量，验证该新结构的真实性。可以预计，再经过一到两年的时间，"悟空"卫星的数据将证明1.4万亿电子伏特处的这个尖峰状精细结构的真伪。

需要补充的一点是，很多人关心"悟空"卫星未来还能在轨运行多久、能收集到多少粒子这个问题。目前，"悟空"卫星的工作状态十分稳定，每天平均收集500万个粒子，预计还将服役一年多。在理想状况下，我们将还能收集到20亿个粒子，届时我们将能对许多问题给出清晰的说明。

此外，"悟空"卫星的探测结果也给别的实验提供了一个潜在的目标，给出了参考指标。例如，未来的对撞机实验可以有针对性地对这个能量段进行设计；地下实验也可以试图提高对更重的暗物质粒子探测的灵敏度；其他空间实验可以验证"悟空"卫星的探测结果或者进行伽马射线等观测辅助实验，以检验该结果的物理起源（暗物质模型和天体物理模型会预测不同的伽马射线信号）。

我们相信，暗物质在不远的将来就会露出它的"庐山真面目"。

25 全世界望远镜共同见证双中子星合并，多信使天文学时代正式开启

作者：苟利军（中国科学院国家天文台）、黄月（界面新闻）

人类首次探测到双中子星合并的引力波以及相对应的电磁信号

北京时间 2017 年 10 月 16 日晚 10 时，在华盛顿全国新闻俱乐部，激光干涉引力波天文台执行主任大卫·莱兹宣布，激光干涉引力波天文台和室女座引力波天文台于 2017 年 8 月 17 日首次发现了一种前所未有的新型引力波。

这种引力波由两个质量分别为 1.15 个和 1.6 个太阳质量的双中子星合并所产生，根据探测日期确定其编号为 GW170817，距地球 1.3 亿光年。此外，在全世界众多天文学家及探测设备的协同努力之下，研究人员还发现了该引力波的电磁对应体。

2016 年初，大卫·莱兹曾站在同一个地方，宣布人类首次探测到了引力波——那时候我们说，多信使天文学新纪元即将开启。在这一次 GW170817 的探测中，人类首次同时探测到了引力波及其电磁对应体。这可以视作引力波多信使天文学纪元真正意义上的开端，在天文学发展史上有着划时代的重大意义。此外，双中子星合并通常被认为是伽马射线暴

的一类产生源，会产生很多不同的物理现象，我们综合引力波、电磁波等多种方式的观测，就能够对中子星这一充满谜团的天体了解得更为详细。

此次能探测到双中子星合并产生的引力波完全是一个意外，而且时间比预期的来得早。此前，科学家根据对双中子星的了解和激光干涉引力波天文台探测灵敏度的分析比较，估计至少要等到激光干涉引力波天文台进一步升级、达到预期灵敏度之后，激光干涉引力波天文台和室女座引力波天文台才有可能探测到双中子星合并的现象。人类提前成功地探测到双中子星合并，算得上是一个意外的惊喜了。究其原因，除了探测到的这一系统距离我们比较近之外，多方面联合协作也是成功探测的重要因素。

全球协作，锁定目标

2017年8月17日，全球各地的天文学家们获得了一个消息，激光干涉引力波天文台和室女座引力波天文台探测到了一个持续时间为100秒左右的新引力波信号，其形式与两个中子星的合并相一致。在该引力波信号到达后大约1.7秒，NASA费米卫星搭载的伽马暴监测器和欧洲INTEGRAL望远镜搭载的SPI-ACS探测器均探测到了一个暗弱的短时标伽马射线暴，并将其命名为GRB170817A。由于两者时间和空间的一致性，伽马射线暴被认为与引力波事件成协（指两种现象是相关的）。

在得知这一消息后，世界各地的望远镜就开始了忙碌的观测。在11小时之内，位于智利的Swope超新星巡天望远镜首先在星系NGC4993中观测到了明亮的光学源，初步确认其光学对应体的编号为AT2017gfo/SSS 7a。在此之后，其他几个研究团队分别独立探测到了该光学源，从而加以确认。

在接下来的几个星期之内，天文学家动用了世界上最为先进的一些望远镜，如钱德拉X射线空间望远镜、哈勃空间望远镜，位于智利的口径达到8.4米的甚大望远镜，以及亚毫米波段灵敏度最高的阿塔卡马大型毫米波阵 ALMA 等，对该区域开展了紧锣密鼓的观测。这些观测对此次引力波事件进行了从合并前约 100 秒到合并后数星期的全面描述，最终证实了科学家的猜想：NGC4993 星系中的两个中子星合并，产生了引力波、短伽马暴和千新星。

此次探测堪称全球协作的一次完美体现。不过，就像大卫·莱兹在发布会上所说，NASA 费米卫星伽马暴信号的探测使得此次激光干涉引力波天文台探测大放光彩。尽管引力波信号先于伽马射线信号产生，但有趣的是，NASA 费米卫星发送的探测信号要早于激光干涉引力波天文台团队发送的信号。原因在于，NASA 费米卫星的伽马暴监视器在探测到伽马暴信号 GRB170817A 之后，自动向 GCN 系统发送了相关警报。而激光干涉引力波天文台的自动数据分析耗时约 6 分钟——科学家们先是在激光干涉引力波天文台汉福德观测站几乎同一时刻的数据中，找到了一个引力波事件候选体 GW170817，发现此引力波早于 GRB170817A 两秒发生，激光干涉引力波天文台和室女座引力波天文台快速响应团队随后手动检查了数据，才向其签订合作协议的组织发送了警报。之后，科学家又进一步在欧洲 INTEGRAL 卫星的观测数据中确认了伽马暴信号的存在。本来平淡无奇的伽马暴信号，因为它与一个很强的引力波候选体同时存在，一下子引起了整个天文界的观测兴趣。此天区也成为了一个热门的观测对象。

在 9 月底的第四次引力波发布会上，姗姗来迟的室女座引力波天文台，使得激光干涉引力波天文台探测器的空间定位范围从 1160 平方度收缩到 100 平方度，两者协同合作，

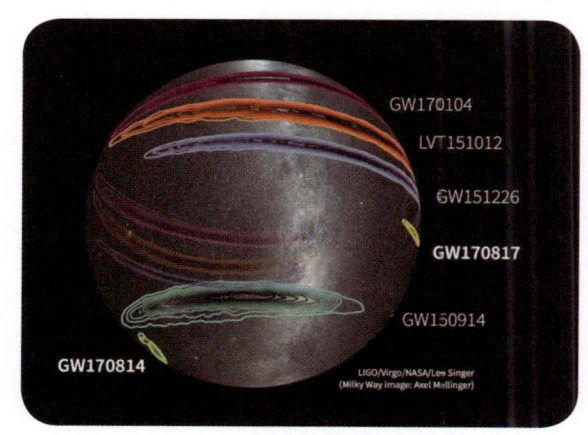

目前探测到的5次引力波空间定位比较图

将空间位置的精确性大大提升。如果进一步利用贝叶斯统计方法对所有可能参数进行估算，空间定位将进一步缩减至60平方度。这样一来，空间定位的准确性就足足提高了近20倍。在这次双中子星合并事件中，三个探测器最终将产生源定位于一个28平方度的范围之内。正因为空间定位的准确性大大地提高，电磁波段所探测到的空间确认才成为可能。

联合观测还有一个重要意义是人们的快速反应。无论是费米观测到的伽马暴，还是激光干涉引力波天文台和室女座引力波天文台看到的引力波，持续时间都非常短暂，所以需要其他天文台和观测者立即对于可能区域进行后续的追踪观测，这就需要某个系统即时向观测者通知被观测对象可能的位置信息。

对于伽马暴而言，20世纪末BeppoSAX卫星在轨工作期间，网络已经兴起，NASA建立了一个伽马射线暴协调网络的邮件系统。某个卫星一旦探测到伽马暴信号，就会以最快的速度把伽马暴的位置信息发送到此系统中，凡是订阅了该邮件系统的人都能够即时收到提示，以便开展可能的观测。此次费米观测正是利用此系统，将观测信息以最快的速度通知到全球的很多组织，随后才有众多望远镜纷纷加入观测。当然，对于激光干涉引力波天文台和室女座引力波天文台而言，为了保证其可能的后续观测，他们与全球近70个观测组织（其中包括中国的近10个组织）签订了合作备忘录。一旦引力波信号被探测到，他们会通过其特有的渠道传递相关信息。

比双黑洞合并更美的双中子星合并

正如发布会上提到的，这次探测到的引力波是由双中子星合并而产生的，之前公布的四例引力波事件都是由双黑洞合并所产生的。两者的最大差别在于，双中子星合并会产生电磁波辐射，而对于黑洞，我们通常认为它不会产生电磁波辐射。这一点也得到了观测结果的验证。

什么原因导致了此种差别呢？按照天体物理辐射的理论要求，天体要产生电磁辐射,周围就必须有气体。对于黑洞系统而言,尽管黑洞在最初产生时,周围可能有很多气体,然而在漫长的演化过程中,如果没有其他气体来源的话,在黑洞合并的最后阶段,气体已消耗完毕。所以黑洞无法产生电磁辐射,只能产生扰动时空的引力波——就像科学家前四次探测到的那样。

双中子星在合并之前,其周围的气体很可能也已消耗完毕。然而,双中子星合并的过程中,会有部分物质以接近光速或远低于光速的速度被抛射出去,从而产生我们看到的各种电磁现象——短时标伽马射线暴(简称伽马暴)、伽马暴余辉和千新星。其中以接近光速运动的物质产生了费米卫星观测到的伽马暴,而低速运动的物质产生了被很多光学/红外望远镜捕捉到的千新星。

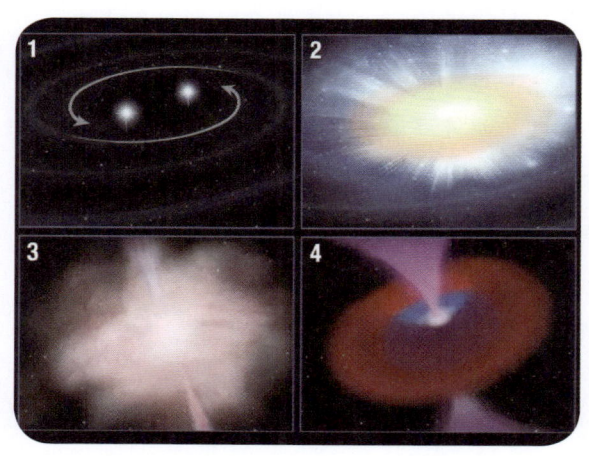

双中子星旋近,最终合并产生千新星的过程

因为产生引力波的天体不同,所以我们观测到的引力波形会存在较大差别。中子星的质量相较于黑洞要小很多,合并过程中对于时空的扰动变形程度很小,所以,在目前探测器灵敏度确定的情况下,我们只可能探测到比较临近的引力波信号。这次探测到的引力波源距离地球1.3亿光年,是目前探测到的所有引力波源中最近的一例。通过波形的拟合,科学家确定了两个中子星的质量分别大约是1.15个和1.6个太阳的质量,合并后的天体质量约为2.74个太阳的质量,抛射出去的物质仅为0.01个太阳的质量。

已解之惑与未解之谜

科学家希望通过对引力波和电磁波的联合观测，能够对一些问题提供部分答案。遗憾的是，受限于目前引力波探测设备的灵敏度，引力波信号曲线并不是很好，所以对于有关中子星的内部结构的问题并没有得到解答。但是，对于双中子星合并之后抛出了多少物质的问题，我们已经有了初步的答案。

比如，双中子星合并之后是产生了中子星，还是产生了黑洞？我们现在依然无法确定。但双中子星合并产生了2.74个太阳质量的天体。这一发现填补了黑洞和中子星质量之间的空白，为日后更多的天文发现拉开了帷幕。

尽管科学家没有观测到中子星的内部信息，也不知道最终的合并物是什么，但众多后续电磁观测结果还是告诉我们一些之前不太确定的信息，比如甚大望远镜的光谱观测确认了重金属（如金、银等元素）的来源，即大多数重金属元素就是在中子星合并的过程中产生的。

之前，科学家曾在短时标伽马暴中探测到了3起疑似千新星事例，但那只不过是在余辉的光变曲线当中看到了几个数据点而已。而此次观测由于距离很近，而且伽马暴余辉很弱，所以完全确认了千新星的存在。另外，通过对其光变曲线演化的拟合，可以推断大约有百分之一的物质在双中子星合并过程中被抛射出去。

除此之外，结合电磁信号和引力波信号的观测，科学家一方面通过这两个信号到达的时间差，检验了爱因斯坦的弱等效原理（这是爱因斯坦广义相对论和其他引力理论的基石）；另一方面，对宇宙学的一些最基本参数做出了限制，如用来描述宇宙膨胀快慢的哈勃常数。

这是人类历史上第一次同时探测到引力波及其电磁对应体，它必将成为引力波天文学史上一个非常重要的里程碑。此次探测为我们解答了一些疑惑，同时也提出了更多问题。与历史上所有天文发现一样，它是人类好奇心的胜利与新起点。在多信使引力波天文学时代的帷幕由此拉开之后，我们相信，在人类的团结协作下，更多的宇宙奥秘将被一一揭晓。

（左）南极巡天望远镜AST3;（右）硬X射线调制望远镜

26 中国人第一次用自己的望远镜找到新脉冲星！500米口径球面射电望远镜首秀实力不俗

> 作者：蕉叶（科普中国融合创作出品，蕉叶制作，中国科学院计算机网络信息中心监制）

2017年10月10日，中国科学院国家天文台发布消息，宣布我国使用位于贵州的500米口径球面射电望远镜（Five-hundred-meter Aperture Spherical radio Telescope，简称FAST）找到了2颗新的脉冲星。发布会上科学家提到，其实他们已经发现了6颗新的脉冲星，不过由于发布会是几周前开始准备的，所以只发布了2颗。这是中国人第一次使用自己的望远镜找到新的脉冲星。

脉冲星是特殊的中子星，因为其辐射束会周期性快速地扫过地球，使得地球上的人看到一个个周期脉冲而得名。脉冲星可谓宇宙中最为神奇的天体之一。为什么这么说呢？

因为通过对脉冲星的观测，我们不仅能够研究脉冲星自身的极端物理状态，还能对星际介质、银河系磁场、引力波等目标进行研究。也正因为脉冲星的特殊性，诺贝尔物理学奖曾两度授予脉冲星的相关发现（即发现第一个脉冲星；发现第一个双星系统中的脉冲星，并利用它很好地验证了引力波辐射理论）。

目前已知的2000多颗脉冲星中，大部分脉冲星是澳大利亚帕克斯望远镜使用多波束接收机通过巡天观测找到的。

多波束接收机的使用，使得一架望远镜的功能相当于好几架望远镜的综合功能，这也是帕克斯望远镜成功的原因之一。

FAST 安装的是 19 波束接收机，能开展同时性多目标巡天。有分析认为，得益于 FAST 巨大口径带来的高灵敏度，人类未来有希望找到 4000 颗脉冲星，这里面将会有不少有意思的发现。

脉冲星的特殊性，以及 FAST 在脉冲星搜寻中的优势，使得寻找未知脉冲星成为 FAST 重要的科学目标之一。

那么，FAST 目前是怎么寻找脉冲星的呢？说起来，这不仅是个技术活，还是个体力活。

漂移扫描观测

我们知道，FAST 可以通过调节馈源仓位置和面板形状来调节它的指向，从而观测天空中某个特定的位置。不过，在 FAST 建成早期，它的各个系统还不能很好地协调运行，指向调节尚不灵活，所以，科学家们通常使用一种称为"漂移扫描"的方式来进行观测。所谓的"漂移扫描"其实很简单，和"守株待兔"的思路有点像，就是望远镜不动，如固定地指向天空，天体东升西落，自己运动到望远镜的视野里面。使用"漂移扫描"，望远镜只能盯着某个赤纬（天球坐标系中的赤道坐标系的纬度，类似于地理经纬线在天上的投影），所以只能观测到这个赤纬上的源。随着时间的推移，这个赤纬上的天体就会依次被望远镜所观测到。

如果我们想看其他纬度的天体，该怎么办呢？那就得调节望远镜的指向，让它指到其他纬度上（FAST 建成早期只是转动得不灵活，不是不能动）。通过"漂移扫描"，FAST 不用怎么转动就能对天空进行扫描观测。

不过用这种方式进行观测有个缺点，就是每次天体经过望远镜视野的时间很短，对 FAST 来说，最长的时间也就 1 分钟不到。观测时间短，意味着我们只能看一些比较亮的天体。好在 FAST 够大，很多其他望远镜觉得暗的天体，对 FAST 来说都是"比较亮"的。

说了这么多，我们要寻找的脉冲星在哪儿呢？脉冲星在银河系里主要分布在银盘和球状星团中。FAST 在进行"漂移扫描"的时候，会"扫"过银盘，只要我们对相应的数据进行分析，就有可能找到新的脉冲星。

这是光学波段整个天空的照片，正中央是银心所在。图中圆圈指示的是此次发现的一颗脉冲星J1859-0131在银河中大致的位置

脉冲星数据

在"漂移扫描"过程中，我们需要记录能够用来搜寻脉冲星的数据。这需要满足两个条件：一是足够高的时间分辨率，二是一定的频率分辨率。

一般来说，我们会周期性地看到脉冲星发出的脉冲信号。相邻两个脉冲信号之间的时间差（所谓的脉冲周期），在 1.4 毫秒到 23 秒之间不等。而脉冲信号的宽度，通常只有这个时间差的十分之一。只有数据的时间分辨率足够高，我们才能探测到随时间快速变化的脉冲星信号。

我们知道，电磁波有不同的频率。对此最直观的感受就是自然光能够被分成彩虹色，不同颜色就是不同频率的电磁波。在记录用作搜寻脉冲星的数据时，由于后续数据处理的需要，我们要将不同频率的电磁波分成多份记录，也就是要记录光谱数据（一般叫作频谱）。电磁波分的份数越多，频率分辨率就越高，我们就能更好地探测不同频率信号的变化。脉冲星数据被要求划分一定的份数，不用太多，够用就好。

最后我们得到的会是什么样的数据呢？它们是一条条连续的频谱，且相邻两条频谱的间隔时间很短，一般只有几百或者几十个微秒。

消色散

有了观测数据，我们就可以寻找脉冲星了。脉冲星一般是很暗弱的，为此我们需要将观测到的不同频率电磁波叠加起来，得到总功率信号，这样才能更好地去搜寻脉冲星的脉冲。在叠加不同频率电磁波之前，我们要对数据进行"消色散"。

脉冲星发出的脉冲在到达地球之前，会受到银河系空间中的星际介质影响，发生"色散"。色散效应会导致脉冲星高频的电磁波比低频的电磁波先到达地球。

为了能够得到高信噪比的脉冲信号，我们需要在数据处理的过程中抵消掉色散带来的延时，即所谓的"消色散"。

不同脉冲星发出的信号经过的星际介质不尽相同，所以不同脉冲星受到的色散效应也千差万别。色散效应明显的，低频信号延时会更大。要准确消除色散效应，我们需要知道延时量的大小。但是对于未知的脉冲星来说，我们事先并不知道它受到星际介质的影响有多大。那么我们该怎么去消除色散带来的影响呢？

天文学家的做法很简单——试！

对同一段数据，假设其因色散引起的延时为多少，就用多个不同的延时量分别进行消色散，全部结果独立进行下一步的处理。这种方法简单粗暴，不过很有效。

找周期

电磁波经数据消色散之后,我们就可以看到一个个脉冲信号。

然而,大多数脉冲星信号都太弱了,我们无法直接得到单脉冲信号。如果我们能够知道脉冲星的脉冲都发生在哪些时间点,把对应数据找出来并叠加到一起,我们就有可能看到暗弱脉冲星的信号了。

幸好,脉冲星一般都有很强的周期性,方便我们去找它的信号。

这里我们需要用到前面消色散之后的数据。消完色散的数据,是总功率随时间变化的数据。我们要对这样的数据进行傅里叶变换。

假设我们使用正确消色散的数据进行

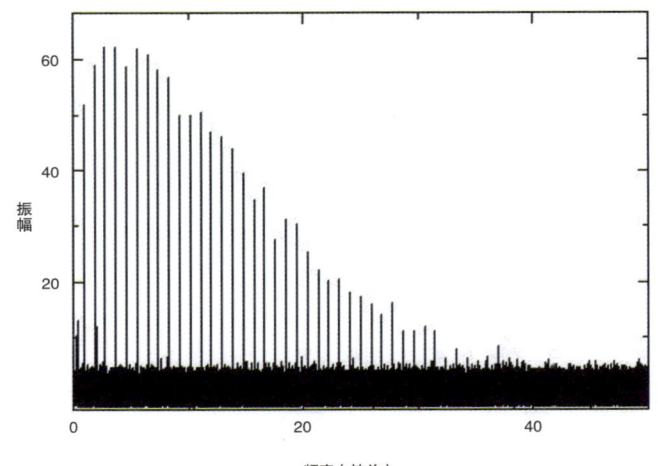

对脉冲星B1550-54消色散后的数据进行傅里叶变换得到的结果。横轴是傅里叶变化之后得到的频率(这里的频率是指信号变化周期的倒数,不是电磁波频率)信息。这颗脉冲星的周期大约是1秒,所以在1赫兹的地方有条明显高出来的线。其他的线是脉冲星信号的谐波

傅里叶变换,而且我们足够幸运地碰上了一颗很亮的脉冲星,那么我们将非常幸运地看到上图这样的结果。

然而,很多时候我们是没有那么幸运的。脉冲星真的太暗了,我们并不能看到上图那么明显的线。更不用说大多数时候我们的望远镜根本就没对准某颗脉冲星。

一般情况下，经过消色散、找周期之后，我们可以找到大量具有一定色散效应的、有周期性的、看着好像是脉冲星信号的候选体。

虽然现在有计算机软件可以帮我们筛选出比较像脉冲星的目标，但最终我们还是需要通过肉眼查看每个候选体相应的参数（一般就是一张结果图），才能做出准确的判断。

毫不夸张地说，看过几万张数据结果图后，能找到一颗未知的脉冲星，就已经很幸运了。

单脉冲

少数的脉冲星，它们的辐射由于某些原因而断断续续，导致我们看到的脉冲信号显得没有规律。这时，我们如果用找周期的方法去寻找，往往是找不到的。这类脉冲星，我们只能在消色散过后的数据中，找信噪比大的信号。此前火过一阵的快速射电暴，就是通过在消色散后的数据中寻找单脉冲而找到的。

可以透露的是，FAST 也对数据进行了单脉冲的查找，并且已小有收获，我们将拭目以待。